사는 대로
생각하지 말고
생각하는 대로
그냥 하자

플스포

플스포의 메타인지 투자법

copyright ⓒ 2025, 김동호
이 책은 한국경제신문 한경BP가 발행한 것으로
본사의 허락 없이 이 책의 일부 또는 전체를 복사하거나
전재하는 행위를 금합니다.

플스포의
메타인지
투자법

플스포(김동호) 지음

잃지 않는
초수익 투자의
모든 것

한국경제신문

폴스포의 메타인지 투자법
차례

프롤로그: 성공적인 투자를 위한 메타인지 투자법　　　　　　　　008

PART 1. 성공적인 투자자는 메타인지가 높다
투자의 첫걸음은 부족함을 인지하고 채우는 것에서 시작된다

1. 주식 투자를 하면 왜 잃을까?　　　　　　　　　　　　　　　014
2. 메타인지란 무엇인가?　　　　　　　　　　　　　　　　　　018
3. 주식 투자에서의 메타인지　　　　　　　　　　　　　　　　023
4. 성공 투자를 향한 10단계 메타인지 훈련법　　　　　　　　　027

PART 2. 계좌를 지키는 7가지 무기들
명확한 원칙에 따른 매매가 수익을 가져온다

1. 나만의 매매 철학을 세워라　　　　　　　　　036
2. 지지와 저항은 차트의 정석　　　　　　　　　040
3. 분할 매수와 분할 매도　　　　　　　　　　　051
4. 욕심과의 합의가 중요한 익절과 손절　　　　061
5. 51%의 확률에 베팅하는 손익비　　　　　　　064
6. 비중 조절은 리스크 관리의 핵심　　　　　　067
7. 계좌 관리가 안 되면 모든 걸 잃는다　　　　070
8. 현금 보유는 선택이 아닌 필수　　　　　　　073

플스포의 실전 투자 수업 ❶　　　　　　　　　076
_지수가 급락할 때 공포에서 매수하는 법

PART 3. 투자자들의 심리가 모두 담긴 차트
차트를 볼 줄 모른다는 것은 총 없이 전쟁터에 나가는 것과 같다

1. 차트 읽기의 첫걸음　　　　　　　　　　　　086
2. 가장 작은 심리인 캔들　　　　　　　　　　　088
3. 세력도 숨길 수 없는 거래량　　　　　　　　092
4. 정직한 신호인 거래 대금　　　　　　　　　　098
5. 주가의 흐름을 직관적으로 보여주는 이동평균선　102
6. 종목의 방향성을 읽을 수 있는 추세　　　　　106
7. 달리는 말에 올라타는 수급　　　　　　　　　110
8. 지지와 저항은 힘의 강력한 균형점　　　　　115

플스포의 실전 투자 수업 ❷　　　　　　　　　119
_모든 차트에는 단 한 줄의 생명선이 있다

PART 4. 기업 분석, 물음표를 던지자
매출과 영업이익은 거짓말을 하지 않는다

1. 좋은 종목을 찾는 가장 확실한 방법	128
2. 매수하려는 기업은 어떤 기업인가?	132
3. 당신의 기업은 돈을 잘 버는가?	140
4. 기업의 재무 상태는 튼튼한가?	148
5. 미래 성장 가능성이 있는가?	152
6. 믿을 수 있는 경영진인가?	159
7. 기업 분석을 위해 꼭 알아야할 3가지 지표	163

플스포의 실전 투자 수업 ❸ 179
_테슬라와 팔란티어, 투자해도 괜찮을까?

PART 5. 국장은 실적주가 아니면 테마주가 답이다
테마주만큼 안전하고 리스크 적은 섹터도 없다

1. 테마주의 이해	186
2. A급 테마를 찾는 절대 기준 3가지	191
3. 테마의 대장주를 찾는 방법	196
4. 테마의 대장주 흐름	201
5. 테마주 매매 시 유의 사항	207
6. 테마주 실전 사례 분석	212

플스포의 실전 투자 수업 ❹ 219
_음봉을 사랑하고 분할 매수를 하면 양봉으로 보답한다

PART 6. 기법 위에 관점
투자를 잘하려면 시장 읽는 법을 깨달아야 한다

1. 관점이 있어야 기법도 의미가 있다 — 228
2. 돈의 흐름이 중요한 이유 — 233
3. 투자 사고력을 키워주는 경제신문 — 238
4. 생활 속에서 찾는 투자 아이디어 — 243
5. 테마를 읽는 투자 관점 — 249

플스포의 실전 투자 수업 ❺ — 254
_SK바이오팜 상장 기대감으로 매매한 SK

PART 7. 고수로 향하는 마지막 관문
투자를 대하는 마인드와 자세가 중요하다

1. 종목 선정과 매매 시 주도적으로 판단하자 — 260
2. 투자로 성공하는 단 하나의 방법은 '그냥 하자' — 265
3. 투자하는 인생에서 '지금은 긴 선 위의 점'이다 — 270
4. 본성을 거스르는 매매를 해야 한다 — 275
5. 투자에서의 심법을 단련하는 법 — 280
6. 투자 12계명 — 285
7. 책을 읽고 난 뒤 우리가 반드시 해야 할 일 — 292

프롤로그

성공적인 투자를 위한 메타인지 투자법

안녕하세요. 플스포입니다. 저는 현재 팔로워 총합 10만 명 재테크 계정을 운영하며 스레드(Threads) 경제/재테크 분야에서는 팔로워 1위인 인플루언서이자 투자자입니다. 투자 경력은 15년차로 국장, 미장, 코인 등 투자 분야에 있어 방향을 못 잡고 있는 초보 투자자들을 대상으로 네이버 프리미엄콘텐츠 '플스포 메타인지의 방'을 운영하고 있습니다.

  평범한 유년 시절과 학창 시절을 보내고 홍익대학교 시각디자인과 대학원을 졸업한 뒤 대기업 디자인팀에 입사해 10년간 근무를 하던 중 미래에 대한 고민이 깊어졌습니다. '이 회사를 평생직장으로 여기며 다닐 수 있을까?'란 의문이 생겼던 것이지요. 그러던 중 주식이란 분야에 매력을 느꼈습니다. 주식은 여러 섹터들이 있어 공부할 것이 많았고 큰 노동을 하지 않아도 실력만 쌓는다면 꾸준히 수입이 생길 수 있는 파이프 라인이라 판단되었습니다. 여러분 역시 그에 대한 해답을 찾기 위해 이 책을 선택했을 것입니다.

    그러나 주식판은 그리 만만한 곳이 아니었습니다. 원하는 경제적 자유를 맛보기는커녕 투자 과정에서 시련과 좌절을 맛보았습니다. 2011년에 시작한 주식 투자는 잘못된 방향성과 공부 방법으로 돈은 돈대로 버리고 시간은 시간대로 7년이라는 허송세월을 보내게 됩니다.

    2017년 주식 하려고 빚낸 2,000만 원을 모두 잃고 잃은 돈이 억울하고 원통해 다시 공부를 시작했습니다. 제게 부족했던 메타인지를 하나씩 채워가기 시작했고 약점을 하나씩 제거해나가자 서서히 꾸준한 수익이 나기 시작했습니다.

    《플스포의 메타인지 투자법》은 제가 주식과 코인으로 7년간 겪었던 방황, 시련, 고통에 대한 이야기의 총집합체이며, 그로 인해 얻고 깨달은 방향성과 공부 방법 그리고 노하우를 풀어 쓴 책입니다. 여러분이 투자의 어려움을 겪을 때 이 책이 시행착오를 줄이고 좀 더 나은 방향으로 이끄는 길잡이가 되었으면 좋겠습니다.

    다음 도표는 7년 동안 돈과 시간을 잃은 시절의 손실 금액과 이후 투자에서 메타인지를 깨닫고 3년이 지나 약 한 달 동안 얻은 1억 원 정도의 수익 금액을 비교해놓은 것입니다. 메타인지의 중요성을 직관적으로 보여주고 싶었습니다. 3년 동안의 개인적인 노력 끝에 손실의 몇 배를 수익으로 다시 돌려받았고 지금까지도 꾸준히 메타인지 투자법에 대한 보상을 받고 있습니다.

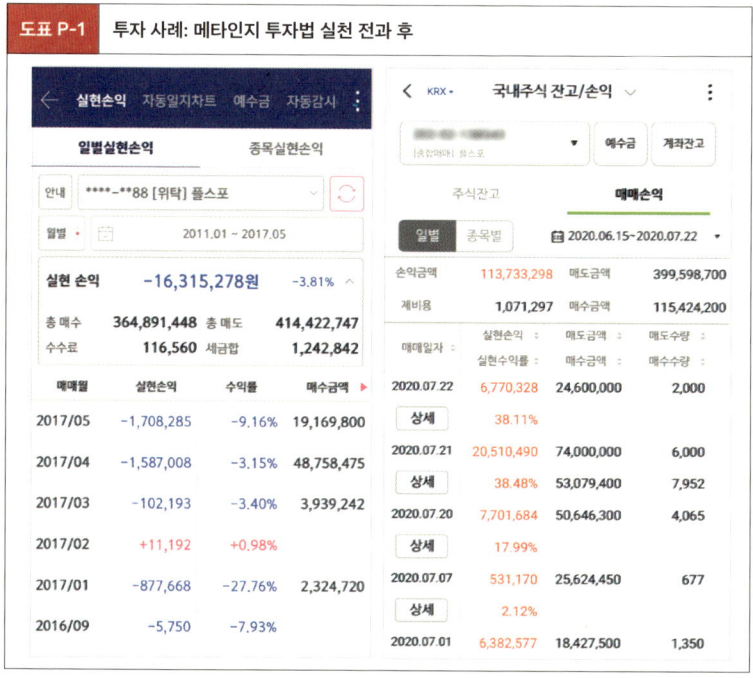

도표 P-1: 투자 사례: 메타인지 투자법 실천 전과 후

출처: 저자의 계좌 캡처

이 책이 세상에 나온 이유는 작가라는 타이틀이 필요해서도 아니고 돈을 벌기 위함도 아니고 유명해지기 위해서도 아닙니다. 인세 또한 전액 기부하기로 결정했습니다. 저는 단지 투자가

힘든 초보자들에게 투자의 본질을 깨닫게 해주고 싶다는 마음 하나로 집필했습니다. 그리고 여러분께 투자 공부를 포기하지 않고 꾸준히 할 수 있는 힘을 드리고 싶어 정말 진심을 다해 원고를 썼습니다. 이 책의 단 한 문장에서라도 울림을 받아 여러분이 투자를 쉽게 포기하지 않는다면 그것만으로도 전 큰 보람을 느낄 것 같습니다.

이 책은 크게 7개의 파트로 구성되어 있는데 본인에게 특히 부족하거나 필요한 부분을 취하고자 한다면 각 파트를 따로 참고하셔도 무방합니다. 물론 처음부터 쭉 보시면 톱니바퀴처럼 각 파트가 연결되어 있다는 걸 느끼실 수 있을 것입니다.

이 책을 쓴 궁극적인 목표는 사실 투자가 아니었습니다. 투자는 인생과 닮은 점이 많아 투자 메타인지가 높아지면 인생에서 부족한 메타인지도 함께 높아지리라 확신합니다. 《플스포의 메타인지 투자법》을 읽는 독자분들의 투자 메타인지뿐 아니라 인생 전반의 메타인지가 높아진다면 정말 좋겠습니다.

아무쪼록 이 한 권의 책이 여러분들의 투자에 조금이나마 위로와 힘이 되는 의미를 지니기를 소망합니다.

부산 해운대, 여름날
플스포

PART 1

성공적인 투자자는 메타인지가 높다

투자의 첫걸음은 부족함을 인지하고
채우는 것에서 시작된다

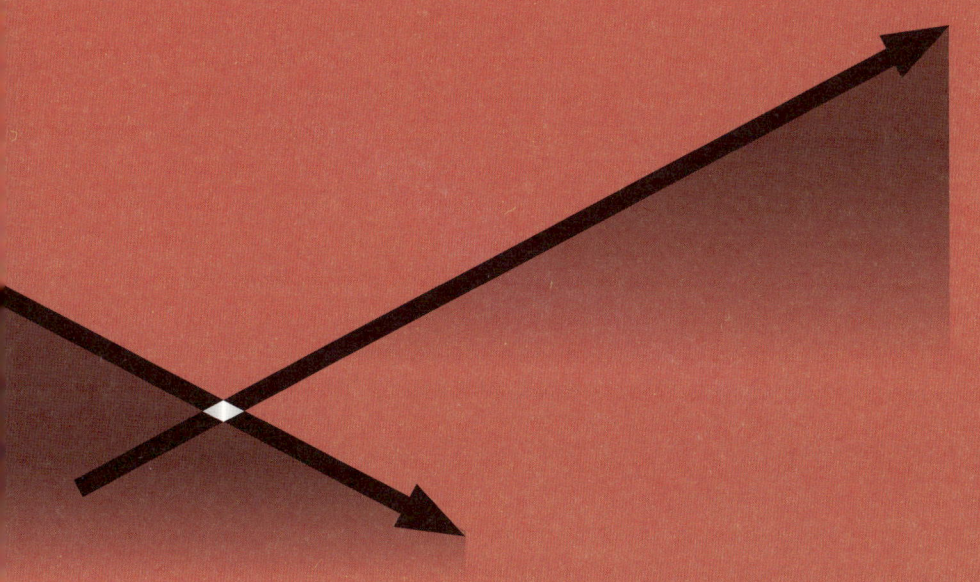

주식 투자를 하면 왜 잃을까?

많은 사람들이 주식이나 코인에 투자하지만 수익을 내는 사람보다 손실을 경험하는 경우가 훨씬 많다. 실제로 한 증권사에서 발표한 자료에 따르면 주식 투자를 시작한 투자자 중 약 90%가 손실을 본 경험이 있다. 이런 통계를 보면 차라리 투자를 하지 않는 것이 돈을 지키는 방법이라는 생각이 들 수도 있다. 하지만 10%의 투자자는 꾸준히 돈을 벌고 있으며 일부는 경제적 자유를 실현하고 있다. 이 차이는 어디서 오는 걸까?

   시장에는 사이클이 있다. 주식 시장에는 상승장이 있고 코인 시장에는 반감기 이후 불장이 있다. 이 시기엔 '누구나 돈을 번다'는 착각이 퍼진다. 지인들이 수익 인증을 하고 뉴스를 켜면 특정 종목이나 코인으로 몇 배 수익을 냈다는 사례가 쏟아진다. 사람들은 자신만 뒤처질까 불안해지고 지금 안 하면 손해라는 생각이 들어 너도나도 계좌를 만들고 진입하기 시작한다. 이른바 'FOMO(포모, Fear Of Missing Out)' 현상이다.

이 시기엔 기업 로고, 코인 로고만 보고 투자해도 수익이 나는 장세가 펼쳐진다. 심지어 농담처럼 "원숭이가 아무거나 찍어도 수익이 난다"는 말이 나올 정도다. 하지만 이 '좋은 시절'은 결코 오래가지 않는다. 불장은 반드시 끝이 있고 그 후엔 하락장이 따라온다.

문제는 하락장에서 대부분의 투자자들이 제대로 대응하지 못한다는 데 있다. 상승장에서는 자신이 마치 능력이 있어서 수익을 낸 것처럼 착각하기 쉽다. 하지만 떨어지기 시작하면 대부분의 투자자들은 다시 올라가겠지라는 막연한 희망에 의존하게 된다. 그 시점에서 투자자는 손절은커녕 기도만 하게 된다. 계좌는 파란색이 되고 감정이 무너지기 시작한다.

왜 이런 일이 반복될까? 많은 투자자들은 일단 매수는 하지만 그 이후에 무엇을 해야 할지를 모른다. 본인의 전략도 없고, 기준도 없고 방향성도 없다. 자신의 약점을 방치한 채 계속 투자를 이어가니 당연히 손실은 반복된다. 결국 자신의 약점이 리스크로 전환되어 계좌를 무너뜨리는 것이다.

여기서 우리는 선택해야 한다. 약점을 덮고 계속 손실을 감수하며 본능대로 투자할 것인가, 아니면 고통스럽고 귀찮더라도 그 약점을 도려내고 철저한 투자 원칙을 세울 것인가. 이 선택은 누구도 대신해줄 수 없으며 오직 본인의 몫이다.

어렵고 귀찮고 하기 싫은 길일지라도 우리는 반드시 후자, 즉 약점을 도려내는 길을 선택해야 한다. 그 길은 고통스럽지만 진짜 투자의 길이기 때문이다. 반대로 전자를 택하면 아무리 돈을 계좌에 넣어도 '밑 빠진 독에 물 붓기'가 된다. 아무리 넣어도 시드머니(seed money)가 시장에서 신기루처럼 증발해버린다. 그리고 그렇게 손실을 반복하면서도 사람들은 그 길에서 벗어나지 못한다. 왜냐하면 인간은 본성대로 사는 것이 편하기 때문이다.

하지만 여러분은 그 본성에서 깨어나야 한다. 90%의 무리에서 빠져나와 10%의 각성된 투자자가 되어야 한다. 처음은 어렵다. 하지만 시작하고 지속하는 힘을 기르면 점점 쉬운 싸움이 된다. 지속하는 힘의 핵심은 규율이다.

규율은 거창한 것이 아니다. 매일 그냥 하는 것이다. 하지만 한 가지 중요한 것이 있다. 방향성이 없으면 규율도 아무 의미가 없다. 방향성 없이 '그냥 하는 것'은 규율이 아니라 방황이다. 그래서 우리는 투자에 있어서도 방향성을 먼저 잡고 정진하며 묵묵히 실천해야 한다.

이 지점까지 도달하면 이미 투자 성공의 문턱까지 온 것이다. 문제는 대부분의 사람들이 여기서 포기한다. "너무 바빠서", "지금은 여유가 없어서", "다음 달부터는 제대로 해보려고" 등등 다양한 핑계를 대며 자기 합리화에 빠진다. 그렇게 다시 무계획, 무방향 투자로 돌아가고 손실을 반복하게 된다.

　결국 선택은 각자의 몫이다. 투자를 제대로 공부하지 않겠다면 그냥 투자하지 않는 것이 낫다. 하지만 하겠다면 제대로 방향성을 세우고 규율 있게 행동해야 한다. 그리고 그것은 결코 어려운 일이 아니다. 그냥 하는 것이다.

　그것이 바로 90%의 잃는 무리에서 벗어나 10%의 경제적 자유를 누리는 유일한 길이다.

메타인지란 무엇인가?

많은 사람들이 투자에 실패한다. 주식이든 코인이든 대부분의 투자자들은 수익을 기대하고 시작하지만 현실은 정반대다. 말했듯이 주식 투자자의 약 90%는 손실을 경험한다. 주목할 것은 나머지 10%의 투자자들은 꾸준한 수익을 내고 있다는 것이다. 그 차이를 만드는 결정적인 요소 중 하나가 바로 메타인지(Metacognition)다.

메타인지는 '자신의 인지 과정을 인지하는 능력'을 말한다. 쉽게 말해, 내가 무엇을 알고 있고 무엇을 모르는지 스스로 판단하고 모르는 부분에 대해서는 문제를 인식하고 해결하려는 자기 조절 능력이다.

예를 들어 시험을 준비하는 상황에서 어떤 과목은 이해가 잘

되지만 특정 챕터에선 어려움을 느꼈다고 해보자. 이때 '나는 이 부분이 약하구나'라고 스스로 인지하고 그 파트를 집중적으로 공부해가는 것이 바로 메타인지의 실천이다.

이 능력은 공부뿐 아니라 투자에서도 똑같이 적용된다. 많은 투자자들이 손실을 반복하는 이유는 자신의 약점을 모르거나 인정하지 않기 때문이다. 손실을 보면서도 대응하지 못하고 '다시 오르겠지'라는 막연한 희망에 기대며 전략 없는 매매를 반복한다. 문제는 손실 그 자체가 아니라 문제가 있다는 사실조차 인지하지 못하는 상태다.

공부를 못하는 학생들이 공통적으로 하는 말이 있다. "저는 영어가 약해요", "수학이 어려워요" 식으로 막연하게 문제를 말한다. 그러나 메타인지가 높은 학생은 다르다.

예를 들어 '나는 영어를 못한다'→'독해가 약하다'→'긴 글에서 흐름을 놓친다' 이렇게 구체적으로 약점을 인식한 뒤, '그럼 긴 글을 읽는 연습을 집중적으로 해보자'라는 식으로 실질적인 해결 전략을 세운다.

메타인지가 낮은 사람은 자신이 무엇을 모르는지조차 모른다. 그렇기 때문에 공부든 투자든 어디를 보완해야 하는지 몰라서 계속 제자리걸음을 하게 되는 것이다.

EBS 교육대기획 〈학교란 무엇인가〉 프로그램에서 전국 모의고사 상위 800명과 일반 학생들을 비교하는 실험을 한 적이 있다. 성적 차이의 이유를 IQ, 부모의 학력·소득, 학교 환경 등에서 찾으려 했지만 그것들에선 큰 차이가 나타나지 않았다.

결국 심리학자 김경일 교수는 '메타인지 테스트'를 제안했고 놀라운 결과가 나왔다. 상위권 성적의 학생들은 자신이 알고 있는 내용을 설명할 수 있는 능력이 있었고, 상위 0.1% 학생들은 다른 친구에게 설명하면서 오히려 자신의 약점을 더 정확히 파악하고 보완해나갔다는 것. 이 과정에서 지식이 더욱 견고해졌고 스스로 발전하는 구조가 만들어졌다.

서울대 학생들의 평균 IQ가 특별히 높지 않음에도 불구하고 뛰어난 성과를 보이는 이유도 마찬가지다. 이들은 단순히 암기력이 뛰어난 것이 아니라 자기 자신을 객관화하고 스스로의 약점을 직시하는 능력, 즉 메타인지가 높다는 것이다.

〈도표 1-1〉은 메타인지 시스템을 통한 기억의 망각 곡선(시간 경과에 따라 나타나는 일반적인 망각 경향을 그래프로 제시한 것)이다. 비상교육은 초등학교 6학년, 중학교 2학년 학생을 대상으로 '온리원-에빙하우스(Ebbinghaus) 망각 곡선 비교 실험'을 실시했고 놀라운 결과를 확인할 수 있었다. IQ보다는 메타인지를 깨닫고 학습하는 행위가 얼마나 중요한지 보여주는 사례다.

투자도 마찬가지다. 많은 투자자들은 '사면 오르겠지', '다들 사니까 나도 산다'는 심리에 휩쓸려 매수한다. 하지만 매수 이후의 전략은 없다. 손실이 나도 적절한 대응은커녕 '기다리면 다시

출처: 온리원 메타학습 연구소

오르겠지'라는 희망만 품는다. 이 과정에서 자신의 판단 미스, 심리적 약점, 분석의 부재 등을 인지하지 못하면 계속해서 같은 실수를 반복하게 된다.

결국 투자의 핵심은 돈이 아니라 자기 자신을 아는 것이다. 자신이 어디서 실수했는지, 어떤 패턴을 반복하고 있는지, 감정에 휘둘리고 있지는 않은지를 정확히 파악하고 이를 조절할 수 있는 능력이야말로 성공하는 투자자가 갖춰야 할 자질이다.

메타인지는 어렵지 않다. 지금 나의 약점이 무엇인지 구체적으로 적어보고 그것을 보완할 수 있는 방법을 찾는 것에서 시작하면 된다. 투자에서 손실을 줄이고 장기적으로 성공하려면 단순한 정보 수집보다 자기 인식과 자기 조절이 더 중요하다.

메타인지는 공부든 투자든 결국 자신과의 싸움에서 이기게 해주는 가장 강력한 무기다. 그리고 그 무기를 지금 당장 사용할 수 있는 사람만이 진짜 성장을 이룰 수 있다.

주식 투자에서의 메타인지

투자에서 손실을 줄이고 지속적으로 수익을 내기 위해 꼭 필요한 능력이 있다. 바로 메타인지다.

많은 투자자들이 주식판에 뛰어들기 전에 스스로를 돌아보지 않는다. 자신의 현재 상태를 모른 채 투자에 나서는 것은 마치 소방수가 장비도 없이 불구덩이에 뛰어드는 것과 같다. 초보 투자자라면 특히 더 그렇다. '무엇을 모르는지'조차 모른 채 돈부터 계좌에 넣고 종목을 고르기 시작한다. 하지만 이런 방식은 결국 시장에서 돈을 잃을 확률을 높이는 행동일 뿐이다.

투자에 앞서 반드시 필요한 것은 자기 성찰이다. 용어를 잘 모르면 용어부터 공부하고, 차트가 어렵다면 차트 분석하는 방법부터 배우고, 재무제표가 낯설다면 기업 분석부터 하나씩 배워야 한다. 이것은 창피한 것도 느린 것도 아니다. 자기 인식을 바탕으로 한 학습은 가장 빠른 성장의 시작점이다.

하지만 많은 초보 투자자들은 이 단계를 건너뛰려 한다. '지금 종목을 고르지 않으면 기회를 놓칠 것 같다'는 불안감과 조급함이 판단을 흐린다. 하지만 주식 투자란 긴 선 위에 겨우 첫발을 내딛는 것임을 기억해야 한다. 눈앞의 수익보다 장기적인 생존이 더 중요하다. 종목을 매수하기 전에 먼저 자신의 투자 심리와 동기를 점검해야 한다.

'왜 이 주식을 사려는가?'

그 이유가 논리적이고 객관적인 분석에 기반한 것인지, 아니면 감정적 충동인지 스스로에게 질문해보자. 만약 감정적인 판단이라면 다시 원점으로 돌아가야 한다.

감정적인 투자의 근본적인 원인을 들여다보면 투자 공부가 귀찮다는 것, 그리고 복잡한 기업 분석을 피하려는 마음이 자리하고 있다. 결국 이는 자기 합리화이고 핑계일 뿐이다. 피 같은 자산을 감정적으로 투자하는 것은 시장이라는 냉혹한 정글에서 무방비로 서 있는 것과 다름없다.

실제로 A라는 투자자는 2020~2021년 강세장에서 코로나 관련주에 투자해 큰 수익을 냈다. 이후 자신을 고수라고 착각하며 레버리지까지 활용한 공격적인 투자를 시작했다. 그러나 하락장이 시작되자 그는 큰 손실을 입었고 투자금의 대부분을 날렸다.

이 경우는 명백한 메타인지 결여의 사례다. 그는 자신의 수익이 시장 상승이라는 운에 기댄 결과였음을 인지하지 못했고 자신의 실력과 운을 혼동했다. 반면 메타인지가 높은 투자자였다면 이렇게 생각했을 것이다.

'이 수익은 내가 잘해서 낸 것인가? 아니면 시장 환경 덕분인가?'

이런 질문을 통해 스스로를 점검하고, 만약 시장 덕이었다면 하락장을 대비한 리스크 관리, 예컨대 분산 투자, 손절 기준 설정, 포트폴리오 재조정 등의 전략을 세웠을 것이다.

또 다른 사례로, B 투자자는 특정 종목에서 30% 손실이 났음에도 불구하고 '팔기 전까진 손실이 아니야'라며 보유를 지속했다. 이는 손실을 인정하기 싫은 심리적 회피이자 비합리적인 투자 판단이다. 그러나 메타인지가 높은 투자자는 이렇게 질문한다.

'왜 나는 이 주식을 정리하지 못하고 있는가?'

이런 질문을 통해 자신의 감정과 싸우고 자본을 더 성장 가능성 높은 종목으로 재배치함으로써 회복의 기회를 만들어냈을 것이다.

주식 투자에서 메타인지는 단순한 자기 점검이 아니다. 그것은 시장의 공포와 탐욕, FOMO로부터 벗어나 이성적인 판단을 가능하게 하는 필터다. 실수에서 배우고 자신의 행동을 반성하고 더 나은 전략으로 수정하는 지속 가능한 투자 학습법이다. 메타인지가 높은 투자자는 리스크 앞에서 무모하지 않다. 모르는 것이 무엇인지 인식하고 그 부분에서 더 신중한 결정을 내릴 수 있는 투자자다. 그리고 그런 투자자만이 장기적으로 시장에서 살아남는다.

성공 투자를 향한
10단계 메타인지 훈련법

주식 투자에서 매매는 단순히 사고파는 기술을 넘어서 자기 자신을 얼마나 정확하게 인식하고 조절하느냐에 달린 싸움이다. 그래서 메타인지는 매매 실력을 높이기 위한 핵심 도구이며 단순한 정보 수집보다 판단력의 질을 높이는 데 훨씬 더 중요한 역할을 한다.

이제부터 소개할 메타인지 훈련 10단계는 당신의 매매를 더 냉정하고 체계적으로 만들기 위한 실전 훈련이다. 투자자가 시장에서 살아남고 성장하기 위해 반드시 체화해야 할 핵심 요소들이며, 이 과정을 반복하다 보면 매매에 대한 통찰이 전혀 다른 수준으로 확장될 것이다.

📈 1단계: 투자의 목적에 대해 잠시 생각해보자.

투자를 하는 이유는 다들 비슷할 것이다. 돈을 더 많이 벌기 위함이다. 매매에 대한 메타인지가 낮은 투자자와 높은 투자자의 투자 목적은 다음과 같이 나뉜다. 메타인지가 낮은 투자자의 목적은 단순히 돈이고, 메타인지가 높은 투자자의 목적은 매매에 있어 부족함을 채우고 실력을 쌓은 뒤 수익을 내자다. 이 출발점이 훗날 투자 인생에서 상반된 결과를 가져다준다. 당신은 투자 목적은 아직도 돈인가? 그럼 다시 이 책의 첫 장으로 돌아가라.

📈 2단계: 매수와 매도의 이유를 항상 매매일지로 기록하자.

깡통을 차고 매매일지를 쓰기 시작했다. 매매할 때마다 '왜 이 종목을 샀는가?', '왜 지금 팔려고 하는가?'라는 질문을 반드시 자신에게 던지고 그 이유를 간단하게나마 매매일지에 기록하는 습관이 중요하다. 이 기록은 시간이 지난 후 복기를 위한 매우 중요한 자료가 된다. 이를 통해 당시의 매매가 감정적으로 이뤄졌는지, 아니면 시장 흐름을 고려한 이성적인 판단으로 이뤄졌는지 구분할 수 있다. 하지만 많은 투자자들이 이 과정을 거치지 않고 추격 매수, 무지성 매수, 뇌동 매매를 한다. 초보 시절 감정적인 매매를 막기 위한 매매일지는 선택이 아닌 필수다.

출처: 저자 블로그 캡처

📈 3단계: 스스로에게 질문하는 습관을 가지자.

매매 전에 항상 자문해야 한다. 이런 과정을 거치면 매매가 더욱 더 단단해질 수 있다. '나는 왜 이 결정을 내리고 있지?', '이 결정이 내 기준에 맞는가, 아니면 단순히 급등주라서 그런가?' 이런 질문을 반복함으로써 자신의 판단 기준이 감정이 아닌 논리인지 점검할 수 있다. 보통의 투자자들은 이런 필터링을 거치지 않고 감정에 치우쳐 감정적인 매매를 많이 한다. 끊임없이 자신한테 물어보고 답해야 한다. 첫 매수를 하기 전에 실행해야 하는 단계로서 매수하고 나서는 늦다.

📊 4단계: 종목 선정 기준을 명확히 하자.

막연히 '좋아 보인다'는 이유로 종목을 선택하지 말아야 한다. 시가총액, 업종, 거래량, 재무제표, 성장성, 기대감 등 구체적인 기준을 명확히 만들고 그 기준에 부합하는 종목만 추려보는 훈련을 한다. 이렇게 하면 종목 고르기에서 오는 불확실성과 충동성을 줄일 수 있다. 투자는 종목 선정이 7할인 게임이다. 종목 선정을 잘하는 것만으로도 수익률을 올릴 수 있다. 기준이 명확할수록 시장에서 이길 확률은 높아진다.

📊 5단계: 손절 기준을 매수 전에 미리 정해두자.

매수를 하고 나서 손절을 생각하면 늦다. 많은 투자자들이 손실이 크게 났을 때 비로소 손절을 고민한다. 하지만 이것은 이미 늦은 판단이다. 매수 전에 '이 종목이 몇 퍼센트 하락하면 어떻게 대응할 것인가?'를 미리 정해두는 습관이 필요하다. 계획된 손절은 전략이고, 늦은 손절은 감정이다. 대부분 후자인 경우가 많고 뒤늦게 후회한다. 그때는 이미 후회해도 늦다. 반드시 첫 매수를 하기 전에 모든 시나리오 전략이 만들어져야 한다. 그렇게 전략을 짜도 욕심을 떨치지 못해 어긋난 매매를 하는 경우가 많다.

📊 6단계: 실패한 매매에 대해 회피하지 말고 분석하자.

손실이 난 매매는 누구나 피하고 싶다. 하지만 메타인지가 높은 투자자는 실패한 사례를 회피하지 않고 오히려 가장 중요한 학습 재료로 삼는다. 왜 실패했는지, 어떤 정보가 부족했는지, 심리가 흔들렸는지 하나하나 되짚어보는 것이 다음 성공을 만든다. 이 행위를 거치지 않고 투자를 지속하게 되면 틀린 문제를 계속 틀리겠다는 말과 동일하다. 실수는 반복되어선 안 된다. 실수는 덮어둘수록 손실은 늘어만 간다.

7단계: 내가 잘했던 매매는 진짜 실력인가, 시장 덕인가 돌아보자.

수익이 난 매매가 모두 내 실력 덕이라고 착각하지 않는다. 메타인지가 높은 투자자는 이번 수익이 자신의 분석이 맞아떨어진 결과인지, 아니면 운이 좋았던 것인지를 구분한다. 이 인식 하나만으로도 본인을 돌아보는 시간을 가질 수 있으며 시장을 겸손하게 대하게 된다. 메타인지가 낮은 투자자들은 자신을 잘 모른다. 투자에서 본인의 강점과 단점을 아는 것은 매우 중요하다.

8단계: 객관적인 시선을 위해 외부 의견을 적극 수용하자.

다른 투자자, 전문가의 의견을 무조건 따르라는 뜻이 아니다. 자신의 판단에 갇히지 않고 타인의 시각으로 내 판단을 검토하는 과정이 필요하다. 이는 편향을 줄이고 보다 균형 잡힌 시야를 만들어준다. 나의 시선이 과도하게 낙관적이거나 비관적인지 점검하는 데 유용하다. 그렇다고 어떤 전문가 정보라고 해서 100%

확신을 하면 안 된다. 많은 초보자들이 여기서 실수를 하게 된다. 전문가라는 타이틀 프레임 안에서 맹신이 시작된다. 한번 맹신해버리면 아무것도 보이지 않는다.

9단계: 시장에 대한 감정적 반응을 관찰하자.

하락장이 오면 두려움이 커지고, 급등장이 오면 흥분하거나 조급해진다. 이처럼 시장 변화에 따라 내 감정이 어떻게 반응하는지를 기록하고 관찰하는 습관을 들여야 한다. 감정이 변할 때마다 매매 기준이 흔들린다면 그것은 투자가 아니라 반사적 반응일 뿐이다. 기준과 원칙이 제대로 세워지면 어떤 이슈나 정보에 크게 흔들리지 않고 계획대로 매매할 수 있다.

10단계: 자신의 매매 철학을 점검하자.

당신의 매매는 어떤 기준을 따르고 있는가? 가치 투자인가, 기술적 매매인가, 아니면 단기 수급을 노리는 전략인가? 이 기준이 계속 일관성을 갖고 있는가, 아니면 수익에 따라 자주 변하는가? 스스로에게 묻고 그 기준을 정리하는 일은 시장에서 흔들리지 않는 자신만의 원칙을 만드는 과정이다.

메타인지가 높을수록 성공적인 투자자가 된다. 책의 내용을 바탕으로 매매일지를 쓸 수 있도록 사비를 들여 '메타일지' 앱을 만들었다. 도움이 필요한 독자들은 무료이니 사용해보길 바란다.

메타일지　　　IOS 전용　　　안드로이드 전용

메타인지 훈련 10단계는 단순한 행동 요령이 아니다. 투자자가 자신의 판단을 점검하고 감정을 인식하며 실수를 반복하지 않게 해주는 실제적인 훈련이다. 하루아침에 완성되지는 않겠지만 꾸준히 훈련하고 반복하다 보면 분명히 당신의 매매는 이전과 달라질 것이다.

주식 투자의 길은 길고 험하다. 자신을 제대로 인식하는 사람만이, 즉 메타인지가 높은 투자자들만이 그 길을 끝까지 걸어갈 수 있다. 이제 이 훈련들을 하나씩 실천해보자. 나쁜 습관의 매매가 바뀌고 근거 있는 판단이 서면 그 과정에서 당신은 투자자로 성장하게 될 것이다.

PART 2
계좌를 지키는 7가지 무기들

명확한 원칙에 따른 매매가 수익을 가져온다

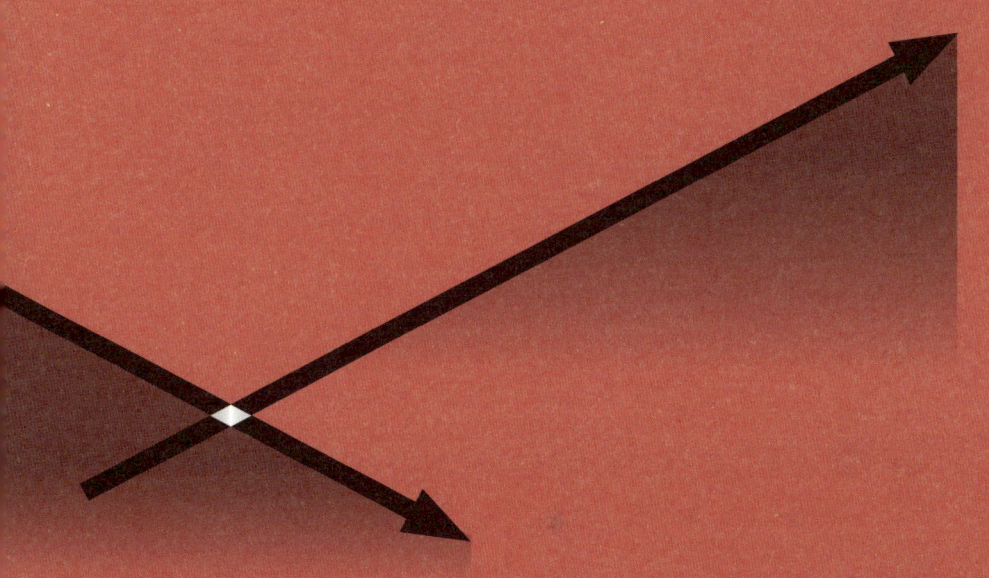

나만의
매매 철학을 세워라

주식 투자의 핵심은 종목 선정이지만 매매를 잘하지 못하면 그것은 의미가 없어진다. 매매는 단순히 주식을 사고파는 행위를 뜻하지만 그 이면에는 훨씬 더 많은 의미가 담겨 있다. 매매는 투자자가 시장에서 수익을 얻거나 손실을 경험하게 되는 가장 기본적인 과정이며, 전략, 분석, 심리, 리스크 관리 등 복합적인 요소가 얽혀 있는 고도의 의사 결정이다.

주식에서 매매란 투자자가 기업의 주식을 매수하거나 매도하는 행위를 의미한다. 주식 시장은 기본적으로 수요와 공급에 의해 가격이 결정되고 투자자는 이 가격의 변동성을 활용해 수익을 얻는다. 매수는 특정 주식이 오를 것이라 판단해 주식을 사는 행위이고, 매도는 가격이 하락할 것으로 보거나 이미 발생한 이익을 실현하기 위해 주식을 파는 행위다. 이 간단해 보이는 매매 행위는 투자자의 성향, 목표, 경험, 시장 환경 등에 따라 매우 다양한 방식으로 전개된다.

매매의 방식은 크게 장기 투자와 단기 매매로 나눌 수 있다. 장기 투자는 수년에서 수십 년까지 기업의 성장을 지켜보며 투자하는 방식이다. 가치 투자, 배당 투자 등이 이에 속한다. 장기 투자의 장점은 복리의 힘을 기대할 수 있고 시장의 단기적 변동성에 휘둘릴 가능성이 낮다는 점이다. 워런 버핏(Warren Buffett), 피터 린치(Peter Lynch) 같은 전설적인 투자자들이 바로 이 전략의 대표주자다.

반면 단기 매매는 비교적 짧은 시간 안에 가격 변화를 이용해 수익을 노리는 전략이다. 기술적 분석을 통해 차트, 수급, 패턴 등을 분석하며 매매 타이밍을 정한다. 스캘핑(Scalping, 초단타), 데이 트레이딩(하루 안에 사고파는 전략), 스윙 트레이딩(며칠~몇 주 보유)이 대표적이다.

각 방식마다 장단점이 있으므로 무엇보다 중요한 것은 자신의 성향과 생활 패턴에 맞는 매매 스타일을 찾는 것이다. 직장인들의 경우 장 중에 미팅도 있고 업무도 있는데 데이 트레이딩 같은 단타를 고수한다면 일도 투자도 순조롭게 돌아가기 힘들다. 이와 같은 투자자는 스윙이나 장기 투자를 바라봐야 된다. 본인의 환경에 맞는 매매를 찾아야 스트레스도 덜 받게 된다. 소크라테스가 말했다. 너 자신을 알라.

매매는 단순한 거래가 아니다. 전략과 감정, 그리고 규율의 싸움이다. 이를 위해선 몇 가지 핵심 원칙이 필요하다. 성공적인 주식 투자를 위해서는 무엇보다 명확한 매매 원칙을 세우는 것이 중요하다. 언제 매수하고 언제 매도할 것인지를 사전에 정해둬야 감정에 휘둘리지 않고 일관된 전략을 유지할 수 있다. 계획 없이 시장에 뛰어들면 순간적인 공포나 탐욕이 전략을 덮어버리고 잘못된 결정을 유도하게 된다. 결국 기준 없는 매매는 수익보다는 손실로 이어질 가능성이 크다.

또한 시장 흐름에 대한 꾸준한 이해와 관심이 필요하다. 주식시장은 글로벌 경제의 영향을 받으며 움직이고, 그 흐름은 산업 동향, 금리, 환율, 유가 등의 거시 경제 지표에 따라 크게 달라질 수 있다. 이러한 흐름을 읽는 힘은 단기간에 길러지는 것이 아니므로 평소 뉴스를 접하고 경제신문을 읽는 습관을 통해 경제 흐름에 대한 감각을 키우는 것이 좋다. 시장을 바라보는 시야가 넓어질수록 매매의 정확도도 높아진다.

이와 함께 지속적인 학습과 복기의 자세도 반드시 필요하다. 매매일지를 작성하면서 자신의 매매 결과를 되돌아보면 어떤 판단이 좋았고 어떤 결정이 실수였는지를 명확히 알 수 있다. 단순히 수익, 손실 숫자만 기록하는 것이 아니라 매매 당시의 감정 상태나 시장 상황까지 함께 기록하는 것이 효과적이다. 나아가 타인의 성공 사례나 전략도 꾸준히 연구하며 사고의 폭을 넓히는 노력이 필요하다. 이는 단순한 기술 습득을 넘어 투자에 대한 깊이 있는 이해로 이어지게 된다.

마지막으로 감정을 배제하고 리스크를 통제하는 태도를 갖추는 것이 매우 중요하다. 손실이 났을 때 충동적으로 대응하거나 수익에 도취되어 무리하게 투자하는 행동은 위험하다. 이익을 추구하기에 앞서 손실을 어떻게 통제할 것인가를 고민하는 것이 진정한 전략이다. 장기적으로 살아남는 투자자는 대박을 노리는 사람이 아니라 리스크를 관리하고 감정을 통제할 줄 아는 사람이다. 냉정함과 절제는 수익률을 결정짓는 중요한 무기가 된다.

많은 투자자들이 매매를 기술이라 생각한다. 하지만 진정한 매매는 철학과 습관의 총합이다. 어떤 종목을 사느냐보다 그 종목을 왜 사고 언제 팔지를 결정하는 과정이 훨씬 중요하다. 이는 곧 자신의 사고를 객관적으로 돌아보는 메타인지 그리고 원칙을 지키는 자기 규율과도 직결된다.

시장에는 언제나 변동성이 존재한다. 오를 때도 떨어질 때도 있다. 하지만 체계적인 접근과 철저한 준비가 되어 있는 투자자만이 그 사이클을 견디고 살아남을 수 있다. 감정적 매매에서 벗어나 자신만의 기준을 세우고 매 순간을 복기하는 태도가 장기적인 수익으로 이어지는 길이다.

지지와 저항은
차트의 정석

 차트의 기본 중에 기본은 지지와 저항인데 이를 제대로 모르는 초보자들이 많다. 차트를 활용한 매매를 하려면 가장 먼저 이해해야 할 개념이 바로 이 지지와 저항이다. 차트는 지지와 저항이 거의 전부라고 할 수 있을 정도로 중요한 요소이고 뒤에서 배울 분할 매수와 분할 매도 그리고 익절과 손절에까지 영향을 미친다.

 지지와 저항을 모른 채 매매를 하겠다는 것은 나침반 없이 항해를 떠나는 것과 같다. 이 개념은 단순히 기술적 분석의 일부가 아니라 매수와 매도의 기준을 세우는 핵심이며 분할 매수, 분할 매도, 손절 전략을 설계하는 데 있어 반드시 필요한 뼈대와 같은 역할을 한다.

많은 투자 관련 서적이나 강의는 화려한 기법 위주로 설명한다. 패턴, 수급, 수치 계산, 보조 지표 조합 등 '무엇을 하면 바로 수익이 난다'는 식의 접근이 흔하다. 그러나 이는 투자의 본질을 보여주지 않고 잔기술만 포장하는 방식일 뿐이다. 그럴듯한 설명과 보기 좋은 차트 예시로 눈을 사로잡지만 정작 시장에서 살아남기 위한 근본적 기준은 빠져 있는 경우가 많다.

우리는 한 가지를 생각해봐야 한다. 만약 지금 건물을 짓는다고 상상해보자. 건물을 세울 때 뼈대는 무시한 채 지붕만 올린다고 완성이 될까? 그럴 리 없다. 바닥을 평탄하게 다지고 뼈대를 튼튼히 만들고 시멘트로 구조를 잡고 내장재와 단열재를 넣은 후에야 비로소 지붕을 덮을 수 있는 것이다. 그래야 비바람에도 무너지지 않고 오래 버틸 수 있는 건물이 완성된다.

매매도 똑같다. 지지와 저항을 이해하지 못한 채 보조 지표만 보고 매수 타이밍을 잡거나, 특정 패턴만 보고 매매를 하는 것은 건물의 기초도 없이 지붕만 덮으려는 것과 같다. 기초가 부실하면 무너지는 것은 순식간이다.

지지란 주가가 일정 가격 이하로 하락하지 않도록 받쳐주는 구간을 의미한다. 시장 참여자들이 해당 가격대에서 매수세를 집중시키며 하락세를 멈추는 지점이다. 반면 저항은 주가가 일정 가격 이상으로 올라가지 못하게 막히는 구간이다. 이 구간에서는 매도 물량이 쏟아져 나와 상승세를 막는 경우가 많다. 이 두

가지는 단순한 숫자가 아니라 시장 심리가 녹아든 매우 유의미한 심리적 경계선이다.

지지선 근처에서는 분할 매수를 고려할 수 있고 저항선 부근에서는 분할 매도를 통해 수익을 실현하거나 리스크를 줄일 수 있다. 손절 기준을 세울 때도 지지선이 붕괴되는지를 확인해 대응 여부를 판단하게 된다. 이처럼 지지와 저항은 모든 매매 판단의 기준선이 되는 매우 중요한 요소다.

초보 투자자일수록 이 기초를 무시하는 경향이 있다. '지지선이니 저항선이니 그런 것 다 필요 없고 나는 느낌대로 간다'는 식의 태도는 결국 불필요한 손실로 이어지기 쉽다. 기초 없이 기법에 의존하는 투자는 오래가지 못한다. 반대로 지지와 저항이라는 가장 기본적인 틀을 정확히 이해하고 이를 중심으로 전략을 세우는 투자자는 흔들림 속에서도 일관된 판단을 할 수 있다.

따라서 차트 기반 매매를 하려는 투자자라면 가장 먼저 그리고 가장 확실하게 익혀야 할 개념이 바로 지지와 저항이다. 이는 단순한 기술이 아니라 시장과 투자자 심리를 해석하는 기본 언어이며 모든 매매 전략의 출발점이다. 그러니 다른 어떤 기법보다도 먼저 익히고 완전히 체화해야 한다.

1) 지지는 '탱탱볼'

지지는 주가가 하락하는 과정에서 일정 가격대에서 멈추고 반등하는 지점을 의미한다. 이는 시장 투자자들이 해당 가격대에서 주식을 매수하려는 성향을 보이기 때문이다. 일반적으로 지지선 또는 지지 구간이라는 개념으로 표현되며 과거에 여러 번 주가가 반등한 가격대가 중요한 지지선으로 작용하는 경우가 많다. 일명 '탱탱볼'이라고 하는데 〈도표 2-1〉의 지지선에서 탱탱볼이 튕기듯이 반등하는 걸 보면 지지에 대한 이해가 한결 쉬울 것이다.

  지지가 형성되는 두 가지 이유는 첫째, 특정 가격대에서 많은 투자자가 저가 매수 기회라고 판단해 주식을 매입한다는 것이다. 많은 투자자가 차트를 보고 동일한 지점에서 매수하려고 하면 해당 구간이 자연스럽게 지지선이 된다. 투자자들은 과거에 반등했던 가격을 중요하게 여기며 비슷한 수준에서 매수를 고려한다. 기관 투자자나 대형 투자자들이 특정 가격에서 매수를 집

출처: 알파스퀘어

중하면 지지선이 강하게 형성될 수 있다.

둘째, 뒤에서도 배울 내용이지만 〈도표 2-1〉과 같이 주가가 저항을 돌파하고 시간이 지나면 예전에 저항 자리는 지지가 된다는 차트 이론적인 면이다. 개인, 기관, 외국인들이 암묵적으로 보이지 않게 그려놓은 지지선을 볼 줄 모르면 안 된다. 당신 혼자 모르고 있기 때문이다.

지지는 크게 수평 지지선과 추세선 지지로 나눌 수 있다. 수평 지지선은 이전의 지점과 동일한 수준에서 주가가 다시 반등하는 경우를 말한다. 예를 들어 과거에 5만 원에서 주가가 반등했다면 다시 그 가격대에서 매수세가 유입될 가능성이 높다. 차트에서는 바닥 역할을 하는 지점으로 확인된다.

추세선 지지는 상승 추세일 경우 상승하는 저점들을 연결한 추세선이 지지선 역할을 한다. 예를 들면 45도 각도로 상승하는 주식의 경우 일정한 가격대에서 지지를 받고 다시 상승하는 패턴을 보일 수 있다.

지지를 활용한 매매 전략의 경우 지지선 근처에서 매수하면 손절 범위가 짧고 반등 가능성이 높아 유리하다. 주가가 과거에 반등했던 가격 근처로 다시 하락할 때 매수하거나 이동평균선 근처에서 반등할 때 매수할 수 있다. 어떤 지지선이 강하게 유지될 확률이 높은지 확인하는 것이 중요하다. 지금부터 알려주는 요소들이 결합되면 지지선이 더욱 강력해진다.

- 거래량 증가로 지지선 근처에서 거래량이 증가하면 매수세가 강하다는 의미이며 반등 가능성이 높아진다.
- 과거에 여러 번 반등한 가격대에서 한 번 반등한 가격보다 두세 번 이상 반등한 가격대가 더 강한 지지 역할을 한다.
- 이동평균선과 겹치는 경우에서 60일선, 120일선, 240일선과 같은 중요한 이동 평균선과 지지선이 겹치면 더욱 신뢰도가 높아진다.
- 심리적 가격대인 1만 원, 5만 원, 10만 원 같은 심리적 지지선[라운드 피겨(Round Figure)]에서 투자자들의 관심이 집중될 가능성이 높다.

지지와 저항의 전환 면에서 보면 주식 시장에서는 지지선이 깨지면 오히려 저항선으로 작용하는 경우가 많다. 이를 지지와 저항의 전환 원리라고 한다. 예를 들면 5만 원이 지지선이었는데 이탈하면 이후 주가가 반등해도 5만 원이 저항선 역할을 할 가능성이 크다. 이 원리를 활용하면 매도 전략을 세우는 데 큰 도움이 될 수 있다.

지지에서 배운 걸로 실전 적용을 해본다면 다음 장의 〈도표 2-2〉와 같다. 삼성전자가 5만 원에서 과거에 여러 번 반등을 했다면 5만 원이 강한 지지선이 된다. 주가가 5만 원 근처로 하락하면서 거래량이 증가된다면 매수 신호로 보지만, 5만 원이 무너

출처: 알파스퀘어

지면 빠르게 손절하는 것이 중요하다. 이처럼 지지 개념을 활용하면 손실을 최소화하면서 수익을 극대화할 수 있다.

요컨대 지지는 주가가 하락하는 과정에서 멈추고 반등하는 가격대를 의미하며 이를 활용하면 안정적인 매매 전략을 세울 수 있다. 지지선에서 매수하고 지지 이탈 시 손절하는 전략이 효과적이고 강한 지지선을 찾기 위해 거래량, 과거 패턴, 이동평균선 등을 분석해야 한다. 지지가 깨지면 저항으로 바뀌는 원리를 이해하고 대응해야 한다. 지지는 100% 정확하지 않지만 지지를 잘 활용하면 투자 성공 확률을 높일 수 있다.

2) 저항은 '슈퍼마리오 벽돌 깨기'

저항은 주가가 상승하는 과정에서 일정한 가격대에서 매도세가 강해져 더 이상 오르지 못하고 하락하는 경향이 있는 지점을 의미한다. 이는 투자자들이 해당 가격대에서 주식을 팔려는 심리가 강하기 때문이다. 일반적으로 저항선 또는 저항 구간이라고 부르며 과거에 여러 번 주가가 상승을 멈췄던 가격대가 중요한 저항선으로 작용한다.

저항이 형성되는 이유에는 여러 요소가 있다. 매도 물량 증가로 많은 투자자가 특정 가격대에서 이익 실현을 하는 매도를 하기 때문에 주가가 상승을 멈춘다. 기술적 분석의 영향으로 차트를 분석하는 투자자들이 같은 저항 가격대에서 매도하기 때문에 저항이 강화된다. 심리적으로 투자자들은 과거에 상승이 멈춘 가격을 중요하게 여기고 비슷한 수준에서 매도하려는 경향이 있다. 또한 기관 투자자나 대형 투자자들이 특정 가격에서 매도 물량을 집중적으로 내놓으면 저항선이 강해질 수 있다.

저항의 종류에는 지지와 같이 크게 수평 저항선과 추세선 저항이 있다. 수평 저항선은 이전의 고점과 동일한 수준에서 주가가 다시 하락하는 경우를 말한다. 예를 들면 과거에 1만 원에서 주가가 상승을 멈췄다면 다시 그 가격대에서 매도세가 강해질 가능성이 높다. 차트에서는 천장 역할을 하는 지점으로 볼 수 있다. 추세선 저항은 하락 추세일 경우 하락하는 고점들을 연결한 추세선이 저항선 역할을 한다. 예를 들면 주가가 일정한 경사도로 하락하는 경우 고점들을 연결한 선이 저항선 역할을 하면서 주가 상승을 제한할 수 있다.

저항을 활용한 매매 전략의 경우 저항선 근처에서 주식을 매도하면 수익을 극대화하고 손실을 최소화할 수 있다. 이를테면 주가가 과거에 저항을 받았던 가격 근처로 상승할 때 매도하거나 이동평균선 근처에서 상승이 멈출 때 매도하는 것이다.

저항선을 돌파하면 새로운 상승 흐름이 시작될 가능성이 크다. 이를 돌파 매매라고 한다. 주가가 저항선을 강한 거래량과 함께 돌파할 때 매수하거나 저항을 돌파하고 지지로 바뀌는지 확인 후 매수한다. 쉽게 얘기하면 슈퍼마리오 게임에서 슈퍼마리오가 버섯(거래량)을 먹기 전에는 벽돌을 깨지 못하고 벽돌(저항) 위로 점프할 수 없지만, 버섯을 먹고 힘이 강해지면 벽돌을 부수고 점프해 위로 올라갈 수 있는 것과도 같다.

주가가 저항선에 도달했을 때 매수하는 것은 위험할 수 있다. 따라서 저항선 근처에서의 손절 전략을 활용하면 손실을 줄일 수 있다. 저항선 근처에서 매수했는데 주가가 돌파하지 못하고 하락할 경우 손절하거나 저항 돌파 후 다시 저항선 아래로 내려오고 지지를 이탈하면 손절한다. 반대로 저항을 강하게 만드는 요소들이 결합되면 저항선이 더욱 강력해진다. 거래량 감소로 저항선 근처에서 거래량이 줄어들면 매수세가 약하다는 의미이며 저항이 강하게 작용할 가능성이 크다.

앞서 설명한 저항과 지지 전환 원리에 따라 저항선이 돌파되면 오히려 지지선으로 작용하는 경우가 많다. 이 원리를 활용하면 매수 전략을 세우는 데 큰 도움이 된다.

예를 들어 LG전자라는 종목이 7만 원에서 여러 번 상승이 멈추면 7만 원이 강한 저항선이 된다. 그리고 주가가 7만 원 근처에서 거래량이 감소하며 상승세가 둔화된다면 매도 신호다. 하지만 7만 원에서 강한 거래량과 함께 돌파되면 추가 상승 가능성이 있다. 이처럼 저항 개념을 활용하면 효율적인 매도 타이밍을 잡을 수 있고 돌파 매매로 추가 상승을 노릴 수도 있다.

요컨대 저항은 주가가 상승하는 과정에서 매도세가 강해져 상승이 멈추는 가격대를 의미하며, 이를 잘 활용하면 안정적인 매매 전략을 세울 수 있다. 저항선에서 매도하고 저항 돌파 시 매수하는 전략이 효과적이다. 강한 저항선을 찾기 위해 거래량, 과거 패턴, 이동평균선 등을 분석해야 한다. 저항이 돌파되면 지지선으로 바뀌는 원리를 이해하고 대응해야 한다. 저항을 잘 활용하면 수익을 극대화할 수 있다.

3) 지지와 저항은 하나다

지금까지 지지와 저항에 대해 배웠다. 다르긴 한데 비슷한 느낌을 받았다면 맞다. 선 위에 많은 힘의 균형점들이 있고 그 균형점들을 하나로 연결시킨 균형선이 저항과 지지다. 한 문장으로 얘기하자면 다음과 같다. 저항에서 돌파가 나오고 시간이 지나면 그 자리는 지지가 된다. 지지와 저항은 동전의 양면과 같고 떼려야 뗄 수 없는 관계다. 차트에는 지지와 저항으로 이어진 강력한 힘의 균형선이 있다. 그 자리가 바로 지지와 저항이 하나가 되는 자리들이다.

여러 번의 지지와 저항이 겹치는 자리에 수평선을 긋고 차트를 보면 힘의 균형을 느끼게 된다. 초보자들은 보통 차트를 볼 때 주가의 오르고 내리는 흐름만 보게 된다. 이는 차트를 제대로 보는 게 아니다. 차트 안에서 매수와 매도를 하는 기관, 외인, 개인들의 심리적인 흐름을 찾는 게 중요하다. 그것이 바로 힘의 균형선이다.

이 힘의 균형선만 알게 되어도 차트를 바라보는 관점이 많이 바뀌게 된다. 힘의 균형선은 그냥 만들어진 선이 아니고 수많은 심리에 의해 만들어진 차트의 결정체다. 이 원리를 이해하려 노력하고 힘의 균형선을 긋는 많은 연습이 필요하다. 그러다 보면 나중에는 굳이 수평선을 긋지 않아도 힘의 균형선이, 즉 지지와 저항이 차트에서 보이게 되는 놀라운 일이 펼쳐질 것이다.

분할 매수와
분할 매도

 자, 외우자. 앞으로 매매에 있어 매수는 없고 분할 매수만 있고, 매도는 없고 분할 매도만 있다. 대부분의 투자자들이 유튜브나 증권 방송에서 추천하는 유망 종목이나 지인들의 추천주 또는 본인이 좋게 보는 종목을 매수한다. 그런데 보통 매수할 때 '몰빵'을 하는 경우가 많다. 몰빵을 하는 근본적인 이유는 욕심에 있다. 본인이 봤을 때 그 자리를 최적의 매수 타이밍으로 보기 때문이다. 최적의 매수 타이밍이라는 것은 없다. 본인이 몰빵을 한 자리가 최악의 매수 타이밍일 수도 있다.

 따라서 우리는 분할 매수를 해야 한다. 분할 매도도 비슷한 심리를 가지고 있다. 대부분 수익 중일 때 욕심이 생겨 한 번에 팔려고 한다. 그런 심리를 가진 채 홀딩해나가다 보면 적절한 시점에 매도하지 못하고 오히려 손실을 보는 경우가 생긴다.

📊 1) 손실을 짧게 하는 분할 매수

계좌를 열어보자. 큰 손실을 보고 있는 아픈 손가락들이 하나씩 있을 것이다. 이런 결과는 왜 항상 생겨나는 것일까? 이것은 우연이 아니라 본인 스스로 만든 것이다.

주식 시장에서 가장 어려운 것 중 하나는 바로 '언제 매수할 것인가?'다. 주가는 끊임없이 변동하며 고점에서 매수하면 손실을 볼 수 있고 저점에서 매수하려 기다리다 보면 기회를 놓칠 수도 있다. 이러한 불확실성을 줄이고 안정적인 수익을 추구하기 위한 방법 중 하나가 바로 분할 매수다.

분할 매수란 말 그대로 한 번에 주식을 매수하는 것이 아니라 일정한 간격을 두고 여러 번에 걸쳐 나누어 매수하는 방식을 의미한다. 이 전략은 특히 변동성이 큰 시장에서 유용하며 평균 매입 단가를 조절해 리스크를 줄이는 효과가 있다. 많은 투자자들이 이 방법을 활용해 주가 변동에 덜 흔들리면서도 안정적인 수익을 추구한다.

분할 매수의 핵심은 한 번에 모든 자금을 투자하는 것이 아니라 시간을 분산해 매수하는 것이다. 외인과 기관이 가질 수 없는 개인이 가진 최고의 무기인 시간을 활용하는 방법이다.

예를 들어 어떤 기업의 주식을 1,000만 원으로 매수하려고 할 때 이를 한 번에 매수하는 대신 3~5회로 나누어 매수하는 식이다. 이렇게 하면 특정 시점에서의 가격 변동에 따른 리스크를 줄일 수 있다. 만약 주가가 하락하면 더 낮은 가격에 추가 매수를 할 수 있어 평균 매입 단가를 낮추는 효과가 있다. 반대로 주가가 상승할 경우에는 모든 주식을 저점에서 매수하지 못했을 수도 있지만 리스크만큼은 확실히 줄일 수 있다.

분할 매수 방법에는 여러 가지가 있는데, 시드 비중은 1:1:1, 1:1:2 그리고 2:3:5 이렇게 크게 세 가지로 나눌 수 있다. 물론 이것이 정답은 아니다. 비중은 뒤로 갈수록 무게를 두었는데, 그 이유는 최악의 상황을 고려해 안전 마진과 평단가를 낮추기 위함이다. 비중 조절의 경우 여러 번 본인이 분할 매수하면서 가장 잘 맞는 매매 방식을 찾는 것이 중요하다.

분할 매수의 장점은 리스크 분산 효과에 있다. 주식 시장은 예측이 어렵고 단기적인 변동성이 크다. 한 번에 모든 금액을 투자할 경우 고점에서 매수하는 실수를 할 가능성이 높다. 하지만 분할 매수를 하면 여러 번에 걸쳐 매수하기 때문에 특정 시점에서의 가격 변동에 따른 영향을 덜 받을 수 있다. 심리적 부담 완화 효과가 있는 것이다.

투자할 때 심리적인 요소도 매우 중요하다. 주가가 하락하면 손실에 대한 불안감이 커지고, 주가가 상승하면 추가 매수를 망설이게 된다. 하지만 분할 매수를 하면 한 번에 많은 금액을 투자하지 않기 때문에 이러한 심리적 압박이 줄어든다.

게다가 변동성 활용이 가능하다. 주가는 항상 오르거나 내리는 것이 아니라 변동을 반복한다. 분할 매수를 하면 이러한 변동성을 활용해 보다 낮은 가격에 매수할 기회를 얻을 수 있다. 특히 하락장에서 추가 매수를 통해 더 낮은 평균 매입 단가를 형성할 수 있다.

분할 매수의 또 다른 장점은 장기적 투자 습관 형성에 도움이 된다는 것이다. 주식 투자는 단기적인 시세 차익보다는 장기적인 관점에서 접근하는 것이 바람직하다. 분할 매수를 하면 주가의 단기적인 변동성에 흔들리지 않고 장기적으로 꾸준히 투자할 수 있는 습관을 만들 수 있다.

분할 매수 유형에는 여러 가지 방법이 있다. 투자자의 성향과 시장 상황에 따라 적절한 방식을 선택하는 것이 중요하다.

일정 금액 분할 매수는 일정한 금액을 정해두고 정기적으로 주식을 매수하는 적립식 방법이다. 예를 들어 매월 10만 원씩 특정 주식을 매수하는 것이 이에 해당한다. 요즘은 토스나 카카오증권을 통해 자동으로 매일 그리고 특정 주식 수나 소수점 매수까지 가능해 편리하다. 이 방식은 투자 타이밍을 고민할 필요가 없다는 장점이 있다. 주가가 오를 때도 내릴 때도 동일한 금액을 투자하기 때문에 장기적으로 평균 매입 단가를 조절할 수 있다. 다만 상승장에서 한 번에 매수했을 때보다 수익이 적을 수 있다는 단점이 있지만 리스크를 줄이는 장점도 있다. 기관과 외인의 입장에서 보면 적립식 매수하는 투자자들이 제일 싫을 것이다. 이유는 흔들어도 흔들리지 않기 때문이다.

일정 수량 분할 매수는 일정한 수량의 주식을 정해진 주기에 맞춰 매수하는 방식이다. 예를 들어 매달 10주씩 특정 종목을 매수하는 것이 이에 해당한다. 요즘은 꼭 몇 주씩이 아닌 소수점 매수도 자동 설정을 통해 가능하기 때문에 본인이 편한 방법으로 하면 된다. 하지만 주가가 높을 때도 동일한 수량을 매수해야 하므로 상대적으로 비싼 가격에 매수할 가능성도 있다.

하락 시 추가 매수 방법은 주가가 일정 비율 하락할 때마다 추가 매수를 진행하는 방식이다. 예를 들어 주가가 10% 하락할 때마다 일정 금액을 추가 매수하는 전략이 이에 해당한다. 이 방법은 평균 매입 단가를 효과적으로 낮출 수 있는 장점이 있지만 시장이 계속 하락하면 손실이 커질 위험도 있다. 따라서 매수 기준을 명확히 설정하고 투자할 종목에 대한 철저한 분석이 필요하다.

기술적 분석을 활용한 분할 매수 방법은 지지와 저항, 이동평균선 등을 활용해 특정 가격대에서 매수하는 전략이다. 예를 들어 주가가 120일 이동평균선 근처에 도달하면 매수하는 방식이다. 이 방식은 전략적으로 매수 타이밍을 정할 수 있다는 장점이 있지만 기술적 분석이 어렵고 예측이 실패할 가능성이 있다. 따라서 기술적 분석, 즉 차트를 잘 활용할 수 있는 투자자에게 적합하다.

분할 매수 시 고려해야 할 사항으로는 분할 매수 횟수로, 너무 많은 횟수로 나누면 거래 비용이 증가할 수 있다는 것이다. 일반적으로 3~5회 정도로 나누는 것이 적절하고 분할 매수하는 구간이 너무 좁으면 안 된다. 특정 구간에서 분할 매수를 여러 번 하는 것은 본인은 분할 매수한다고 생각하지만 이는 몰빵과도 같다. 지지선을 기준으로 분할 매수 간격을 15~20% 정도 넓게 잡는 것이 좋다.

분할 매수는 단기 투자보다는 중장기 투자에 적합한 전략이다. 따라서 본인의 투자 목표와 기간을 고려해 적절한 방식을 선택하는 것이 중요하다. 추가 매수를 위해 일정 부분 현금을 보유하는 것 또한 중요하다. 만약 모든 자금을 한 번에 투자하면 추가 매수 기회를 놓칠 수 있다.

분할 매수가 적합한 투자자의 유형을 꼽자면, 주가 변동성에 대한 리스크를 줄이고 싶은 투자자와 장기적으로 꾸준히 주식을 모아가고 싶은 투자자 그리고 한 번에 큰 금액을 투자하는 것이 부담스러운 투자자다. 반면 단기 수익을 추구하는 투자자나 빠르게 시장에 진입하고 싶은 투자자에게는 그것이 적합하지 않을 수 있다.

분할 매수는 장기적인 성공을 위한 전략이다. 주식 시장은 예측이 어렵고 변동성이 크다. 분할 매수 전략은 이러한 변동성을 활용해 리스크를 줄이고, 심리적 부담을 완화하면서 장기적으로 안정적인 수익을 추구할 수 있도록 돕는다.

중요한 것은 자신만의 원칙을 정하고 계획적으로 실행하는 것이다. 단순히 무작정 나누어 매수하는 것이 아니라 구체적인 투자 목표와 기간, 시장 상황을 고려해 적절한 분할 매수 전략을 선택하는 것이 바로 성공적인 투자로 가는 길이다.

📈 2) 수익을 길게 하는 분할 매도

대부분의 투자자들은 수익을 짧게 취하고 손실은 길게 가져간다. 매매에 대한 잘못된 습관이 들었기 때문이다.

많은 투자자들이 한 번에 모든 주식을 매도하려 한다. 한 번에 매도하는 방법이 아닌 전략적으로 분할 매도하는 방법을 알아보자. 분할 매도란 보유한 주식을 한꺼번에 매도하지 않고 일정한 기준에 따라 여러 번에 나누어 매도하는 방식이다. 이는 투자 리스크를 줄이고 더 나은 수익을 실현할 가능성을 높이는 효과적인 방법 중 하나로 꼽힌다.

왜 분할 매도가 중요한가? 주가는 변동성이 크기 때문에 최적의 매도 시점을 포착하는 것은 매우 어렵다. 어떤 투자자는 단기간에 높은 수익을 거두기 위해 상승장에서 한 번에 모든 주식을 매도하려 하지만 이후 주가가 더 상승하면 너무 일찍 팔았다는 아쉬움을 느낄 수 있다. 반대로 주가가 하락하는 과정에서 매도 시점을 놓치면 손실이 커질 수 있다.

분할 매도는 이런 문제를 완화하는 역할을 한다. 주식을 한 번에 팔지 않고 나누어 매도함으로써 주가가 더 상승할 경우 추가적인 수익을 얻을 수 있으며, 반대로 하락하더라도 일부 수익을 확보할 수 있다. 즉 최적의 매도 시점을 찾는 것이 아니라 위험을 줄이면서 안정적인 수익을 확보하는 전략이다.

분할 매수와 같이 분할 매도 역시 비중 조절이 중요하다. 선수익을 많이 챙기고 싶다면 2:1:1 또는 5:3:2, 즉 앞쪽에 비중을 두고서 매도하면 된다. 장기 투자자 입장이라면 여러 번 많이 나눠서 매도하는 것도 방법 중 하나다.

분할 매도의 장점은 감정적인 매매를 줄일 수 있다는 것이다. 주식 시장에서는 투자자의 심리가 큰 영향을 미친다. 주가가 급등하면 욕심이 생겨 더 오를 것이라 기대하고 팔지 못하는 경우가 많고, 반대로 하락할 때는 공포에 휩싸여 손실을 감수하며 매도하는 실수를 저지르기도 한다. 분할 매도는 이러한 감정적 결정을 줄이는 데 도움을 준다.

게다가 평균적인 수익률을 높일 가능성이 있다. 주가가 점진적으로 상승하는 경우 여러 번에 걸쳐 매도해 평균적인 매도 단가를 높이는 효과를 볼 수 있다. 예를 들어 한 주당 1,000원에 매수한 주식이 1,200원, 1,300원, 1,400원으로 상승할 때 각각 일부를 매도한다면 한 번에 1,200원에 팔았을 때보다 높은 평균 매도 가격을 기록할 수 있다.

시장은 예측할 수 없는 변수를 가지고 있기 때문에 단기적인 등락을 반복하며 움직인다. 분할 매도를 하면 시장 변동성에 유연하게 대응할 수 있다. 주가가 예상과 다르게 움직이더라도 일부 이익을 실현할 수 있으며 나머지 주식으로 추가적인 기회를 노릴 수도 있게 되는 것이다. 분할 매도는 투자자의 목표와 시장 상황에 따라 다양한 방식으로 활용할 수 있다.

먼저 일정 비율로 분할하는 방법으로서, 말 그대로 보유한 주식을 일정한 비율로 나누어 매도하는 방법이 있다. 예를 들어 1,000주를 보유하고 있다면 250주씩 네 번에 걸쳐 매도하는 것이다.

목표 가격에 따라 분할하는 방법은 매도 목표 가격을 설정하고 그것에 도달할 때마다 주식의 일부를 매도하는 방식이다. 예를 들어 주가가 1,000원일 때 매수한 후 1,200원, 1,400원, 1,600원에 도달 시 각각 40%, 30%, 30%씩 매도하는 식이다.

이동평균선이나 지지와 저항을 통한 기술적 분석을 활용해 이동평균선을 돌파할 때마다 일정 비율을 매도하는 전략도 있다. 이렇게 하면 시장의 추세를 따라가면서 자연스럽게 수익을 실현할 수 있다.

특정 이벤트를 활용한 분할 매도는 기업 실적 발표, 금리 변동, 정책 변화 등 중요한 이벤트가 있을 때 이를 고려해 일부를 매도하는 방식이다. 기업 실적 발표 전후로 주가 변동성이 커질 경우 일부 이익을 실현하고 남은 주식은 시장 반응을 지켜보며 매도할 수 있다.

물론 분할 매도가 항상 최선의 전략은 아니다. 몇 가지 단점도 존재한다. 주가가 급등하는 경우 한 번에 전량 매도했을 때보다 평균 매도가가 낮아질 수 있는 것이다. 하지만 신이 아닌 이상 우리는 최고점에서 매도할 수 없다. 또한 거래 수수료가 증가하는데 여러 번에 걸쳐 매도하는 만큼 수수료가 추가로 발생할 수 있다. 다만 최근에는 수수료가 낮아졌기 때문에 이는 큰 부담이 되진 않는다.

계획이 없으면 효율성이 떨어진다. 명확한 기준 없이 분할 매도를 진행하면 오히려 수익을 극대화하지 못할 수도 있다. 따라서 매도 계획을 미리 세우고 체계적으로 실행하는 것이 중요하다.

분할 매도는 주식 투자에서 위험을 줄이고 안정적인 수익을 실현하는 데 매우 유용한 전략이다. 시장의 변동성을 고려하면서 감정적인 매매를 방지할 수 있으며, 평균적인 매도 가격을 높이는 효과도 기대할 수 있다. 다만 무작정 나누어 팔기보다는 명확한 기준과 계획을 세우고 실행하는 것이 중요하다. 목표 수익률, 매도 시점, 시장 상황 등을 종합적으로 고려해 자신만의 분할 매도 전략을 세운다면 보다 안정적인 투자 성과를 거둘 수 있을 것이다.

욕심과의 합의가 중요한 익절과 손절

나는 욕심과 합의를 잘하지 못해서 수익 중인 것에서도 손실을 맛보는 여러 경험을 해보았다. 그럴 때마다 기분이 정말 좋지 않았다. 하지만 어쩌겠는가, 내가 자초한 일이니 말이다.

주식 투자에서 가장 어려운 결정 중 하나는 언제 매도할 것인가에 대한 인지다. 주가가 오를 때는 언제 팔아야 가장 큰 수익을 얻을지 고민하게 되고, 반대로 주가가 하락할 때는 손실을 감수하고 언제 매도해야 할지 망설이게 된다. 이때 중요한 개념이 바로 익절과 손절이다.

많은 초보 투자자들은 주식을 매수할 때는 신중하지만 매도할 때는 명확한 기준 없이 감정에 따라 결정을 내리는 경우가 많다. 그러나 익절과 손절은 단순한 매도 행위가 아니라 리스크를 관리하고 장기적으로 수익을 극대화하는 전략적인 선택이다.

익절이란 이익을 실현하는 절차를 의미한다. 쉽게 말해 주식을 매수한 후 일정한 가격 상승이 이뤄졌을 때 매도해 수익을 확정하는 것이다. 예를 들어 1,000원에 매수한 주식이 1,300원까지 올랐을 때 매도해 30%의 수익을 실현하는 것이 익절이다.

익절은 보기엔 쉬워 보이지만 실제로는 쉽지 않다. 많은 투자자들이 '조금 더 오르겠지'라는 생각에 매도를 미루다가 수익을 놓치는 경우가 많다. 인간의 욕심은 끝이 없고 이익을 확정 짓는 데 따르는 두려움도 존재한다. 그래서 욕심과의 합의가 필요하다. 자동차 사고가 나면 가해자와 피해자가 합의를 해야 문제가 해결된다. 익절도 마찬가지다. 시장에서 본인이 욕심과 합의를 마치고 익절해야 매매가 마무리된다.

손절은 손실을 감수하고 매도하는 것을 뜻한다. 손절은 단순한 매매 행위를 넘어서 투자자의 심리와 가장 밀접한 관련이 있다. 그렇기 때문에 손절이 더욱 어렵다. 자신이 판단했던 종목이 하락하면 '언젠간 다시 오르겠지'라는 희망에 물린 채 기다리다 결국 더 큰 손실을 입게 된다. 이처럼 익절과 손절은 단순한 기술적 행위가 아닌 감정과 심리와의 싸움이다.

투자에서 가장 중요한 것은 '자산을 지키는 것'이다. 손실을 최소화하고 수익을 일정 수준에서 확보하는 것은 자산을 꾸준히 불려나가는 데 핵심이다. 아무리 좋은 종목을 골랐더라도 언제든 시장은 예측과 다르게 움직일 수 있다. 그때를 대비해 '익절가'와 '손절가'를 미리 설정해두는 것이 중요하다. 이 기준은 투자자가 흔들리지 않고 냉정한 결정을 내릴 수 있도록 도와준다.

또한 손절은 실패가 아니다. 손절은 오히려 성공적인 투자자의 필수 전략이다. 모든 판단이 100% 맞을 수는 없다. 우리는 신이 아니다. 중요한 것은 틀렸을 때 빠르게 인정하고 대응하는 것이다. 앞서 언급했듯이 메타인지가 높은 사람일수록 인지가 빠르다. 장기적으로 성공하는 투자자는 항상 리스크에 능숙하며 손절을 두려워하지 않는다.

그리고 익절의 경우 적정한 수익에서 만족할 줄 알아야 한다. 주식이든 코인이든 '이때 팔았으면' 하는 후회는 남는다. 하지만 그 순간 최선의 판단을 내렸다면 결과에 흔들리지 않아야 한다.

투자에 정답은 없지만 원칙은 있다. 그리고 익절과 손절은 그 원칙의 핵심이다. 익절과 손절은 결국 단기적인 수익을 넘어서 장기적인 투자 습관을 만든다. 감정이 아닌 계획과 원칙에 따라 매매하는 습관은 투자자의 생존력을 높인다. 오늘도 시장은 흔들리지만 그 안에서 나만의 기준을 지켜가는 것이 진짜 실력이다.

51%의 확률에 베팅하는 손익비

손익비에 대해 처음 들어본다는 투자자들이 의외로 꽤 많다. 투자를 하다 보면 수익률, 수익금, 승률 등 다양한 지표에 관심을 가지게 된다. 하지만 의외로 많은 사람들이 간과하는 지표가 있다. 바로 '손익비'다. 손익비는 말 그대로 한 번의 거래에서 기대할 수 있는 수익과 감수해야 할 손실의 비율을 말한다. 이렇게 단순한 개념이지만 이것은 장기적으로 성공적인 투자로 가는 핵심 열쇠가 될 수 있다.

예를 들면 A주식을 1만 원에 매수하고 목표가를 1만 2,000원, 손절가를 9,500원으로 잡았다면 수익 가능 폭은 2,000원이고 손실 허용 폭은 500원이다. 이 경우 손익비는 4:1이다. 즉 한 번 이기면 네 번 질 때의 손실을 상쇄할 수 있는 구조다. 단순한 개념이지만 이를 꾸준히 지키는 것만으로도 대부분의 투자자는 수익이 나는 매매를 할 수 있다.

문제는 이 손익비가 투자 실전에서 무시되기 쉽다는 점이다. 많은 사람들이 수익이 조금 나면 조급하게 팔고 손실이 나면 '기다리면 오르겠지'라고 생각하며 손절을 미룬다. 이럴 경우 실제 손익비는 1:2 또는 1:3이 되며 아무리 승률이 높아도 결국 손실이 누적된다. 주식 투자에서 이익을 남기는 가장 확실한 방법은 '손실은 짧게, 수익은 길게' 가져가는 것이다. 손익비는 바로 그 전략을 숫자로 보여주는 기준이다.

손익비는 단지 수익률 계산에만 쓰이는 것이 아니다. 이는 진입 타이밍과 전략 판단의 기준이 된다. 어떤 종목을 매수하기 전 손익비가 1:1 이하라면 애초에 매수를 보류하는 것이 맞다. 반대로 손익비가 2:1 이상이라면 그 종목은 리스크 대비 수익이 충분하다는 뜻이므로 진입할 근거가 된다. 손익비는 단순한 숫자가 아니라 투자의 질을 높이는 체크리스트 역할을 한다.

특히 단타 매매나 스윙 매매를 하는 투자자라면 손익비는 더욱 중요하다. 짧은 시간 안에 빠르게 판단하고 대응해야 하기 때문에 매수 전 미리 목표가와 손절가를 정해두고 손익비를 계산하는 습관이 필요하다. 또한 여러 종목을 동시에 관리하는 경우 손익비가 낮은 종목은 과감히 제외하고 구조적으로 유리한 종목에 집중하는 것이 효율적이다.

주식 시장은 언제나 변동성이 크고 예측이 어렵다. 하지만 손익비는 그런 불확실한 시장 속에서 우리가 유일하게 통제할 수 있는 부분이다. 손익비를 중심으로 매매 전략을 세우면 감정에 휘둘리지 않고 일관된 판단을 유지할 수 있다. 결국 투자에서 가장 무서운 적은 시장이 아니라 기준 없이 흔들리는 자기 자신일지도 모른다.

좋은 주식을 고르는 눈도 중요하지만 어떻게 매매하느냐가 더 중요하다. 손익비는 단기적인 수익보다 장기적인 생존과 성장의 전략이다. 오늘 당신의 매매에서 손익비는 몇 대 몇인가? 그 질문이 당신의 투자 실력을 가르는 기준이 될 것이다.

비중 조절은
리스크 관리의 핵심

비중 조절은 분할 매수와도 관련이 있다. 즉 돈의 비중을 얼마씩 나눠서 매수할 것이냐다. 몰빵은 기회를 한꺼번에 다 써버리는 것이다. 이처럼 바보 같은 매수는 없다. 그것은 마치 야구선수가 투스트라이크 쓰리볼에서 공을 보지 않고 휘두르는 행위와도 같다.

주식 투자에서 가장 자주 이야기되는 단어는 '수익'이다. 얼마나 올랐는지 몇 퍼센트를 벌었는지에 관심이 쏠리기 마련이다. 하지만 진짜 실력자는 수익보다 리스크 관리, 그중에서도 비중 관리를 더 중요하게 여긴다. 비중 관리는 단순히 얼마를 샀는가의 문제가 아니다. 이는 포트폴리오 전체의 안정성과 지속 가능한 수익 구조를 만드는 핵심 전략이다.

비중 관리란 쉽게 말해 한 종목이나 섹터에 투자하는 자금의 비율을 조절하는 것을 뜻한다. 예를 들어 전체 자금이 1,000만 원일 때 A종목에 200만 원을 투자하면 비중은 20%가 된다. 대부분의 초보 투자자들은 확신이 드는 종목에 몰빵하거나 반대로 자금이 지나치게 분산돼 수익률이 희석되는 경우가 많다. 이는 모두 비중 관리 실패에서 비롯된다.

비중 관리가 중요한 이유는 불확실성 때문이다. 어떤 종목이 아무리 좋아 보여도 미래를 100% 예측할 수는 없다. 그래서 리스크를 분산하고 손실이 전체 자산에 미치는 영향을 최소화하는 전략이 필요하다. 특히 주식 시장처럼 변동성이 큰 환경에서는 단 한 번의 몰빵이 계좌 전체를 무너뜨릴 수 있다. 이때 비중 관리가 되어 있다면 손실은 제한되고 복구는 훨씬 수월해진다.

또한 비중 관리는 수익률에도 직결된다. 아무리 좋은 종목이라도 비중이 너무 낮으면 수익에 큰 영향을 주지 못하고 반대로 위험한 종목에 비중이 너무 크면 전체 계좌가 흔들릴 수 있다. 결국 좋은 비중 관리란 '리스크를 제한하면서 수익 기회는 극대화하는 것'이다. 이를 위해선 자신만의 투자 원칙이 필요하다. 예를 들어 어떤 투자자는 한 종목에 최대 20% 이상 투자하지 않겠다는 규칙을 세우기도 하고 손절을 기준으로 비중을 조절하기도 한다.

비중 관리에는 단순히 '처음에 얼마나 살까'를 넘어서 매매 중간에 비중을 조절하는 능력도 포함된다. 예를 들어 상승 초기에는 소액으로 진입하고 흐름이 좋아질 때마다 비중을 늘리는 분할 매수 전략이 있다. 반대로 하락이 예상될 때는 수익 중 일부를 청산하거나 비중을 줄여 리스크를 줄이는 것도 전략이다. 이처럼 시장 흐름에 따라 유연하게 비중을 조절하는 능력이야말로 실전에서 살아남는 투자자의 핵심 역량이다.

포트폴리오 단위로 보면 비중 관리는 더욱 중요해진다. 같은 산업군의 종목에 과도하게 투자하면 시장 전반의 흐름에 휘둘릴 수 있다. 예를 들어 반도체 관련주에만 70%를 넣는다면 해당 업종에 악재가 생겼을 때 큰 손실을 피하기 어렵다. 따라서 업종, 테마, 자산군 간의 균형 있는 분산 투자가 비중 관리의 핵심이다.

결국 비중 관리는 투자자 스스로를 지키는 안전 장치다. 수익을 내는 것은 누구나 가능할 수 있지만 잃지 않는 전략을 세우는 것은 오직 준비된 투자자만이 할 수 있다. 오늘도 주가는 오르고 내리지만 내가 정한 비중 안에서 흔들리지 않고 매매를 이어가는 것, 그것이 장기적으로 살아남는 투자자의 기본기이자 가장 강력한 무기다.

계좌 관리가 안 되면 모든 걸 잃는다

많은 투자자들이 한 계좌로 단타, 스윙, 중장기 투자를 한다. 이같은 이유는 계좌 관리 없이 '어떤 종목을 살까', '지금이 매수 타이밍일까'에 집중하기 때문이다. 그러나 장기적으로 성공하는 투자자들은 공통적으로 '계좌 관리'에 철저하다는 특징을 가진다. 계좌 관리는 단순히 돈을 입금하고 출금하는 것을 넘어서 전체 자산을 체계적으로 구성하고 운영하는 전략을 말한다. 종목 선정도 중요하지만 그보다 더 중요한 것이 바로 계좌를 어떻게 운용하고 통제하느냐는 것이다.

계좌 관리는 크게 두 가지 관점에서 접근할 수 있다. 첫째는 자산 배분의 전략적 측면, 둘째는 심리적 안정과 투자 지속성을 유지하는 실무적 측면이다. 이 둘이 균형을 이룰 때 비로소 건강한 투자 환경이 만들어진다.

먼저 전략적 관점에서 계좌 관리는 투자 자산의 성격에 따라 분리된 계좌 운영을 기반으로 한다. 예를 들어 장기 투자용 계좌, 단기 매매용 계좌, 고배당 종목 전용 계좌 등으로 구분해 운용하면 각 계좌의 목적이 명확해지고 혼란을 줄일 수 있다. 장기 투자를 위한 계좌의 경우 자주 매매할 필요가 없으므로 종목 선정과 리밸런싱에 집중하면 되고, 단기 계좌의 경우 기술적 분석이나 시황에 집중하면 된다. 이렇게 목적이 명확한 계좌 운용은 감정적인 매매를 줄이고 일관된 전략을 유지하는 데 도움이 된다.

다음은 실무적이고 심리적인 관점이다. 수익이 계속 쌓이면 계좌 잔고가 늘어나고, 이로 인해 방심하거나 무리한 투자로 이어질 수 있다. 반대로 손실이 누적되면 복구에 대한 조급함으로 인해 비이성적인 투자가 반복되기도 한다. 이때 계좌 관리는 투자자의 심리를 안정시키는 중요한 역할을 한다. 예를 들어 수익이 일정 금액 이상 쌓이면 일부 금액을 인출하거나, 리스크가 높은 종목의 비중을 줄이는 식으로 계좌를 관리하면 '욕심'이나 '불안'이라는 감정을 통제할 수 있다.

또한 수시로 계좌 점검을 하는 습관도 중요하다. 어떤 종목이 수익률에 기여하고 있는지, 반대로 계좌를 끌어내리는 종목은 무엇인지 확인하고 불필요하게 묶여 있는 자산이 없는지 체크해야 한다. 매매일지를 병행하거나 월 단위 수익률을 기록하는 것도 좋은 방법이다. 데이터 기반의 계좌 분석은 나만의 투자 성향을 이해하고 더 나은 전략을 세우는 데 큰 도움이 된다.

현명한 투자자들은 '계좌가 곧 내 사업체'라고 말하곤 한다. 실제로도 그렇다. 수익을 쌓고 지키며 운용하는 과정은 작은 기업의 자금 운용과 다를 바 없다. 무작정 투자하기보다는 계획을 세우고 성과를 분석하며 전략을 수정하는 과정을 반복해야 한다. 계좌는 숫자로 된 성적표이자 투자자의 철학이 드러나는 공간이다.

결국 계좌 관리의 핵심은 '지속 가능한 투자'를 만드는 데 있다. 큰 수익을 내는 것도 중요하지만 그보다 중요한 것은 잃지 않는 구조를 유지하는 것이다. 투자 시장은 언제나 불확실하고 예측 불가능하지만 계좌를 정기적으로 관리하고 스스로의 원칙을 지켜나가는 것만은 우리가 통제할 수 있다.

투자란 결국 자신과의 싸움이다. 오늘의 계좌가 내일의 재산을 말해주고, 그 재산은 나의 투자 습관과 원칙에서 비롯된다. 지금 당신의 계좌는 얼마나 건강한가? 오늘부터라도 단 한 줄의 기록이라도 시작해보자. 그 작은 관리가 장기적으로는 큰 차이를 만든다.

현금 보유는
선택이 아닌 필수

주식 시장에 대해 공부할수록 자연스럽게 투자와 수익에 대한 욕심이 커진다. 종목을 분석하고, 차트를 보고, 뉴스에 귀를 기울이면서 시장에 항상 머물러 있어야 뭔가 성과가 있을 것만 같다. 하지만 진짜 고수들은 시장에 항상 머무르지 않는다. 그들은 현금을 전략 자산으로 여긴다. 때로는 종목보다 더 강력한 무기가 바로 현금이라는 사실을 많은 개인 투자자들이 간과하곤 한다.

현금은 아무것도 하지 않는 자산처럼 보이지만, 그 자체로 위험을 통제하는 수단이며 기회를 잡기 위한 대기 자본이다. 투자에서의 핵심은 항상 돈을 굴리는 게 아니라 언제 들어가고 언제 빠져나올지를 아는 것이다. 이때 현금은 손실을 막는 '방패'이자, 좋은 자산이 쏟아질 때를 기다리는 '화살'이 된다.

많은 투자자들이 현금을 아예 가지고 있지 않거나 너무 소극적으로만 생각하는 경향이 있다. '돈은 굴려야 의미가 있다'는 생각 때문이다. 하지만 시장은 언제나 기회를 주는 곳이 아니다. 특히 급등장이 지나가고 불확실성이 커질 때는 종목보다 현금을 들고 있는 쪽이 더 유리하다. 실전에서도 '오를지 내릴지 모르는 종목에 투자하느니, 안 하는 게 낫다'는 판단이 통할 때가 많다.

현금 보유의 가장 큰 장점은 심리적인 안정감이다. 계좌에 현금이 전혀 없으면 시장의 작은 하락에도 크게 흔들리게 된다. 하지만 어느 정도 현금이 확보되어 있다면 여유가 생긴다. '더 빠지면 싸게 살 수 있다', '굳이 무리할 필요 없다' 식의 여유 있는 마음이 만들어진다. 이 심리적 여유가 때로 매수 타이밍에 있어 더욱 냉정하게 판단하게 해주고, 과감한 결정도 가능하게 해준다.

또한 현금은 기회를 살 수 있는 수단이다. 좋은 종목이 갑자기 급락했을 때 이미 자금이 다 묶여 있다면 아무것도 할 수 없다. 반면 평소 일정 비중을 현금으로 보유하고 있다면 '싸게 사는 기회'를 실현할 수 있다. 주식 시장은 종종 예고 없이 기회를 던져 준다. 이 기회를 잡기 위해선 언제든지 움직일 수 있는 '유동성', 즉 현금이 반드시 필요하다.

현금을 얼마나 보유할 것인가는 각자의 투자 성향과 시장 상황에 따라 다르다. 보통 보수적인 투자자는 30~50%까지도 현금으로 보유하며, 공격적인 투자자는 10% 이하로 낮게 유지하기도 한다. 중요한 것은 그 비율이 아니라 현금을 '전략적으로' 보유하고 있느냐는 점이다. 단순히 남은 돈이 아니라 '다음 기회를 위한 대기 자본'으로 바라봐야 한다.

또한 시장이 과열될수록 현금을 늘리는 것도 하나의 전략이다. 모두가 낙관적일 때 스스로는 한발 물러나는 자세를 유지하는 것이다. 반대로 공포가 극에 달했을 때는 현금을 활용해 차근차근 분할 매수에 나서는 것. 이런 행동이 바로 현금을 무기처럼 사용하는 방식이다.

결국 현금은 투자에 있어서 방어와 공격을 모두 수행할 수 있는 유일한 자산이다. 시장을 떠날 수는 없지만 시장에 늘 머물 필요도 없다. 투자의 진짜 고수들은 쉬는 것도 실력이라 말한다. 그말은 곧 현금을 들고 쉬는 시간이 수익을 만드는 시간이라는 뜻이다.

지금 당신의 계좌에는 얼마만큼의 여유가 있는가? 그 여유가 바로 다음 수익의 시작점일지도 모른다.

플스포의 실전 투자 수업 ❶
지수가 급락할 때 공포에서 매수하는 법

주식 시장에서 성공적인 투자를 이어가기 위해 필요한 것은 단 하나, 감정을 버리고 확률을 따르는 것이다. 하지만 말처럼 쉽지 않다. 실제로 시장이 급락할 때 대부분의 사람은 공포에 휩싸이고 손절을 고민하거나 매수를 포기한다. 반대로 시장이 고점 부근에서 강한 상승세를 보일 때는 마음이 들뜨고 매수 버튼을 누르게 된다. 하지만 그 선택이 언제나 옳지는 않다.

그래서 우리는 주식 시장에서 흔들리지 않기 위해 지표를 참고한다. 그중에서도 RSI(Relative Strength Index, 상대 강도 지수)는 감정을 객관적인 숫자로 바꿔주는 가장 대표적인 기술적 지표다.

RSI는 주가의 강도를 수치화한 지표다. 일정 기간 동안 상승일과 하락일의 강도를 비교해 0부터 100까지의 숫자로 표시한다. RSI가 높다는 것은 최근에 상승세가 강했다는 뜻이고 낮다는 것은 하락세가 강했다는 뜻이다. 일반적으로 RSI가 70을 넘으면 과매수, 30을 밑돌면 과매도로 판단한다. 특히 RSI가 30 아래로 떨어진 구간은 시장이 지나치게 하락했다고 볼 수 있어 기술적 반등 가능성이 높은 지점으로 여겨진다.

실전 사례로, KODEX 코스닥150레버리지 ETF 매매 전략에 RSI 지표를 활용해보자. 이것은 코스닥150 지수의 하루 수익률을 2배로 추종하는 ETF다. 시장이 1% 상승하면 이 ETF는 2% 가량 상승하고 1% 하락하면 2% 하락한다. 따라서 단기 수익을 노리는 투자자들에게 많이 활용되며 짧은 기간의 기술적 반등을 노릴 때 매우 효과적인 상품으로 평가받는다.

출처: 알파스퀘어

그렇다면 코스닥 지수가 하락해 RSI가 30을 밑돌았을 때 이 종목을 매수한다면 어떨까? 과매도 신호가 발생한 다음 날에 ETF를 매수하고 단기 반등을 기다리는 방식이다. 이 전략은 아주 단순하지만 지난 10~20년간의 데이터 분석 결과 꽤 안정적이고 효율적인 전략으로 드러났다.

코스닥 시장은 다른 주식 시장에 비해 변동성이 크고 투자 심리의 영향을 많이 받는 구조다. 바이오, 2차전지, 반도체, 게임, AI 등 미래 성장 산업 중심의 종목들이 많아 호재에 민감하고 악재에 더욱 민감하게 반응한다. 이러한 시장의 특성은 과도한 하락이 이어졌을 때 강한 반등으로 연결될 가능성이 높다는 뜻이기도 하다.

실제로 과거 데이터를 보면, RSI가 30을 하회한 날을 기준으로 코스닥 레버리지를 매수한 뒤 5일, 10일, 20일 정도 보유했을 때 평균적으로 높은 확률로 수익이 발생했다. 5일 보유 시 평균 수익률은 약 4%, 10일 보유 시 약 7~8%, 20일 보유 시 평균 12% 이상의 수익률이 기록되었다. 특히 반등이 강했던 시기에는 10일 이내에 15% 넘는 상승이 나타나기도 했다.

이 전략을 실전에서 활용하기 위해서는 몇 가지 매매 조건이 필요하다. 우선 코스닥 지수의 RSI가 30 이하로 떨어진 날을 관찰한다. 그다음 날 KODEX 코스닥150레버리지를 시가 또는 장 초반에 매수한다. 보유 기간은 5일에서 20일 사이로 정하되 자신의 투자 성향과 시장 상황에 따라 유연하게 조절할 수 있다.

매도 시점은 두 가지 방법으로 정할 수 있다. 하나는 목표 수익률 기반 매도다. 예를 들어 7% 이상 수익이 났을 경우 일부 매도하거나 전량 매도해 수익을 확보하는 방식이다. 다른 하나는 기간 기반 매도다. 10일 또는 20일 동안 보유하면서 상승이 나올 때까지 기다리는 전략이다. 단, 손절 기준도 명확히 설정해야 한다. 레버리지 ETF는 하락할 때 손실도 2배로 발생하기 때문에 -8% 또는 -10% 수준에서 손절을 실행해야 손실을 최소화할 수 있다.

또한 이 전략은 시장 전체가 급락하는 추세 하락장에서는 손실을 크게 입을 수 있다. 2008년 금융 위기나 2020년 코로나19 대폭락장처럼 RSI가 30 아래에서 장기간 머무는 시기에는 전략이 잘 통하지 않을 수 있다. 따라서 RSI 외에도 20일 이동평균선 대비 이격도, 거래량, MACD(moving average convergence divergence, 이동 평균 수렴 확산 지수), 캔들 패턴 등을 함께 고려하면 전략의 신뢰도를 높일 수 있다.

RSI가 30을 밑돌고 있으면서 동시에 20일 이동평균선보다 코스닥 지수가 5% 이상 하회하고 있다면 이는 과매도 구간에 진입했을 가능성이 높다. 여기에 거래량이 전일 대비 증가하고 있다면 반등에 대한 기대감이 형성되고 있다는 신호로 볼 수 있다. 또 RSI가 30 이하에 도달한 뒤 양봉 전환이 나타나거나 장대 양봉 캔들이 등장하면 반등 시그널이 강화된다. 이 모든 조건이 겹친다면 매우 강한 매수 타이밍이라고 판단할 수 있다.

이 전략은 감정을 억누르기 힘든 하락장에서 특히 효과적이다. 주가가 계속 하락하면 누구나 공포에 휩싸이기 마련이고, 매수보다는 손절을 고민하게 된다. 그러나 RSI는 과도하게 하락했다는 신호를 명확히 숫자로 보여주기 때문에 심리적 부담을 줄여주고 기계적으로 매수 타이밍을 잡을 수 있는 장점이 있다.

물론 이 전략이 완벽한 것은 아니다. RSI는 반등이 반드시 온다는 보장은 하지 않는다. 단지 과거 데이터를 기준으로 반등 확률이 높은 구간이라는 의미일 뿐이다. 그래서 분할 매수, 분할 익절, 손절 라인 등 리스크 관리가 무엇보다 중요하다. RSI가 28 수준까지 하락했다면 1차 매수, 25 이하로 떨어지면 2차 매수 식으로 접근할 수 있다. 이후 RSI가 40~50까지 반등하고 수익률이 7% 이상 발생하면 일부를 익절하거나 전량 매도하는 방식이 안전하다.

이 전략은 개인 투자자가 실전 투자에 쉽게 적용할 수 있는 방식이다. KODEX 코스닥150레버리지 ETF는 일반 주식처럼 매매 가능하고 거래세도 낮으며 유동성도 충분하기 때문에 매매 편의성이 높다. 또한 ETF 자체가 분산 투자의 성격을 가지고 있어, 개별 종목보다 리스크가 상대적으로 낮다는 점도 장점이다. 무엇보다 복잡한 분석 없이도 RSI 수치만으로 진입 타이밍을 포착할 수 있다는 점에서 초보 투자자에게도 잘 맞는 전략이다.

한 가지 더 강조하고 싶은 점은 이 전략을 자산의 전부에 적용해서는 안 된다는 것이다. 아무리 확률이 높은 전략이라도 손실 가능성은 존재한다. 따라서 전체 자금 중 20~30% 이내에서만 사용하고 나머지 자금은 다른 전략이나 현금으로 분산해두는 것이 바람직하다. 이처럼 이 전략은 전체 포트폴리오의 보조 전략 또는 단기 수익 전략으로 사용할 때 가장 빛을 발한다.

필자는 하락장이나 급락장에서 코스닥 지수가 RSI 30 이하로 떨어지면 보유하고 있는 현금으로 KODEX 코스닥150레버리지를 매수해 수익을 내는 전략을 매번 취하고 있다. 코스닥 RSI 지수가 30 이하로 내려갔다는 것은 개인들의 반대 매매가 시작되는 시장이 좋지 않은 상태이고 대부분의 종목이 손실 중일 것이다. 이때 앞서 얘기한 현금 보유의 중요성이 대두된다. 이러한 매매는 현금이 없으면 할 수 없는 매매이기 때문이다. 장이 상승장이든 하락장이든 항상 총 시드의 30% 이상은 현금으로 보유하길 바란다. 그래야 기회가 왔을 때 잡을 수 있고 확률 높은 매매로 손실 난 종목에 대해 멘징(손실 복구)이 가능하다.

결국 주식 투자에서 가장 중요한 것은 기회가 왔을 때 두려워하지 않고 매수하는 용기와 손실이 날 때 빠르게 손절할 수 있는 냉정함이다. RSI 30 전략은 이 두 가지를 모두 충족시켜주는 매매 방법이다. 감정을 배제하고 숫자로 움직일 수 있게 도와주며,

KODEX 코스닥150레버리지처럼 단기 급등이 가능한 상품에 적용했을 때 더욱 강력한 효과를 낸다.

시장에 기회는 항상 존재하지만 그 기회는 공포의 옷을 입고 다가온다. RSI 30은 그 공포의 옷을 벗기고 안에 숨은 기회를 보여주는 도구다. 그것을 이해하고 실행에 옮긴다면 우리는 시장이 무너지는 순간에 가장 빠르고 강하게 수익을 낼 수 있는 방법을 갖게 된다.

KODEX 코스닥150레버리지 매수 타이밍

기준: 코스닥 지수의 RSI(14일 기준)가 30 이하로 하락한 날

1차 분할 매수: KODEX 코스닥150레버리지 일봉 기준으로 RSI 30 이하

2차 분할 매수: KODEX 코스닥150레버리지 일봉 기준으로 RSI 25 이하

3차 분할 매수: KODEX 코스닥150레버리지 일봉 기준으로 RSI 20 이하

보유 기간 및 매도 타이밍

보유 기간: 5일, 10일, 20일 중 선택

목표 수익률: 평균 +7~10% (보유 기간에 따라 달라짐)

손절 기준: -10%

보조 조건: RSI가 50을 돌파하거나 전고점 부근에서 강한 저항 확인 시 매도

2010년 이후 백테스트

RSI 30 이하 진입 기준으로 코스닥 지수가 반등하는 구간을 추려 해당 시점에 KODEX 코스닥150레버리지 ETF에 투자했을 때의 수익률을 시뮬레이션했다.

도표 2-4 KODEX 코스닥150레버리지 종목 보유 기간에 따른 수익률(RSI 30 이하 매수)

보유 기간	평균 수익률	승률	최대 수익률	최대 손실률
5일	+4.2%	67%	+12.4%	-6.5%
10일	+7.8%	71%	+18.6%	-9.2%
20일	+12.6%	74%	+31.2%	-13.1%
60일	+21.3%	79%	+49.5%	-18.7%

KODEX 코스닥150레버리지 매매를 위한 교육 이수 방법

KODEX 코스닥150레버리지를 거래하려면 교육 이수가 선행되어야 한다. 금융투자교육원에서 3,000원을 결제하면 총 1시간 분량의 인터넷 강의를 수강할 수 있으며 수료 후 발급되는 이수 번호를 키움증권 HTS 또는 MTS에 입력하면 레버리지 ETF 매매가 가능해진다.

ETF는 여러 개별 종목을 묶어 코스피100, 코스닥150 같은 지수에 투자하거나 반도체, 2차전지와 같은 섹터 지수에 투자하는 상품이다. KODEX 코스닥150레버리지 ETF는 거래를 위해 예수금이 최소 1,000만 원이 필요하며 선물 등 파생 상품을 활용해 지수 대비 2배 수익을 추구하지만 하락 시 손실도 그만큼 클 수 있다.

PART 3

투자자들의 심리가
모두 담긴 차트

차트를 볼 줄 모른다는 것은
총 없이 전쟁터에 나가는 것과 같다

차트 읽기의
첫걸음

차트를 볼 줄 모르고 투자하는 초보자들이 너무 많다. 필자도 처음 주식을 시작했을 때 차트보다는 기업 분석 위주로 공부를 했지만 차트를 볼 줄 모르니 고점에 사서 물리는 경우도 많았다. 초보 투자자들은 반드시 주식을 함에 있어 차트를 공부하고 볼 줄 알아야 한다. 이번 시간에는 차트에 대해 공부해보자.

주식에서 차트란 주가의 움직임과 거래량 등의 데이터를 시각적으로 표현한 그래프 형태의 분석 도구다. 단순히 숫자로 제공되는 데이터는 변동의 흐름이나 패턴을 한눈에 파악하기 어렵지만 차트를 활용하면 시간에 따라 주가가 어떻게 움직였는지 직관적으로 확인할 수 있다.

이 때문에 차트는 기술적 분석의 핵심 수단으로 많은 투자자들이 매수와 매도 시점을 판단할 때 활용한다.

가장 많이 사용되는 차트는 캔들 차트로 일정 기간 동안의 시가, 고가, 저가, 종가를 하나의 봉으로 표현한다. 봉의 색상이나 형태만으로도 상승세인지 하락세인지 또는 매물대가 형성된 구간인지 등을 쉽게 파악할 수 있다. 이외에도 선 차트는 거래량의 추이를 시각적으로 나타낸다. 각각의 차트는 용도에 따라 적절히 선택되어야 하며 다양한 보조 지표와 함께 분석할 때 그 효과는 더욱 커진다.

차트는 단순히 가격만을 보여주는 것이 아니다. 투자자들은 차트상의 저항, 지지선, 이동평균선, 거래량 등을 종합적으로 분석해 추세의 전환 시점을 가늠하거나 특정 패턴을 찾아내기도 한다. 이런 패턴 분석은 수많은 투자자들의 심리가 반복적으로 반영된 결과이기 때문에 과거의 유사한 조건에서 비슷한 가격 움직임이 나타날 가능성이 크다.

결국 주식에서의 차트는 과거 데이터를 기반으로 미래의 흐름을 예측하려는 중요한 도구이며, 이를 잘 활용하면 단순한 감정적 매매에서 벗어나 보다 체계적이고 객관적인 투자가 가능해진다. 차트를 읽고 해석하는 능력은 초보 투자자에게도 필수적인 기본기라 할 수 있으며 꾸준한 연습과 학습을 통해 이것을 갖추면 투자 실력을 높이는 데 큰 도움이 된다.

가장 작은 심리인 캔들

주식에서 캔들은 주가의 움직임을 쉽게 보여주는 도구다. 정식 명칭은 캔들 차트인데 일본에서 시작되어 지금은 전 세계 트레이더들이 가장 많이 쓰는 방식이다.

캔들은 하루 동안의 모든 심리와 전투가 담겨 있다. 캔들은 단순한 그림이 아니라, 매수와 매도 세력이 하루 동안 어떻게 싸웠는지를 그대로 보여주는 심리의 기록이다.

하나의 캔들 안에는 네 가지 정보가 담겨 있다. 시작 가격(시가), 가장 높았던 가격(고가), 가장 낮았던 가격(저가), 그리고 마감 가격(종가)이다. 이 네 가지 가격이 만들어낸 게 몸통과 꼬리이며, 그 배치만 봐도 그날 시장의 흐름을 파악할 수 있다.

몸통이 양봉이면 종가가 시가보다 높다는 뜻이고, 몸통이 음

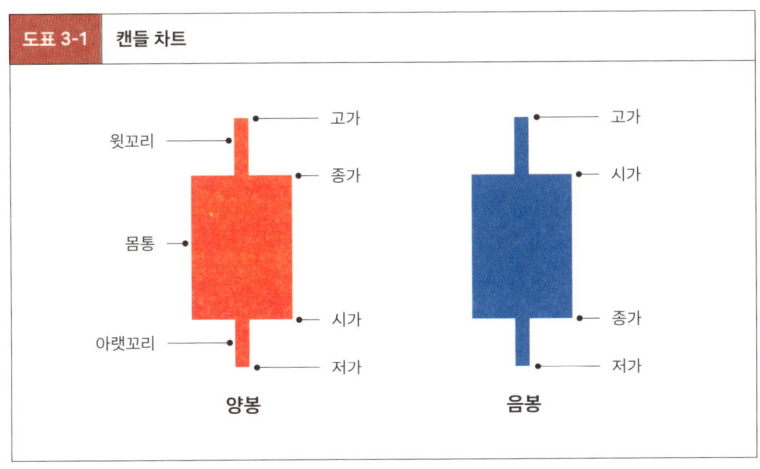

도표 3-1 캔들 차트

봉이면 종가가 시가보다 낮다는 뜻이다. 국내 주식은 양봉이 빨간색, 음봉이 파란색으로, 미국 주식은 양봉이 녹색, 음봉이 빨간색으로 나타난다.

내가 처음 캔들의 '힘'을 느낀 것은 장대 양봉과 상한가 캔들을 본 이후부터다. 특히 거래량이 함께 폭발한 장대 양봉은 단순한 상승이 아니라 '세력의 진입'을 보여주는 신호라는 걸 경험으로 알게 되었다. 그때부터는 캔들 하나도 가볍게 넘기지 않게 되었고, 한 캔들에 1,000만 주 이상의 거래량이 실렸다면 '그 안에 무언가가 있다'는 의심부터 하게 되었다.

캔들에는 여러 형태가 있는데, 예를 들어 아랫꼬리가 긴 캔들은 장중에 하락했다가 매수세가 들어오면서 올라왔다는 뜻이다. 이런 캔들은 '망치형'이라 불리며, 하락이 끝나고 반등이 나올 수 있는 신호로 해석된다.

　반대로 윗꼬리가 길면 상승했다가 매도세에 밀려 내려왔다는 뜻이고, 그만큼 매도 압력이 존재했다는 이야기다. 캔들은 하나만 보아도 의미가 있지만, 여러 개를 이어서 보면 훨씬 더 많은 걸 보여준다. 예를 들어 연속 양봉이 이어지면 상승 추세가 강하다는 뜻이고, 연속 음봉은 매도세가 우세하다는 신호다.

　나는 종종 이전 고점을 돌파하는 양봉이 거래량까지 동반하면 본격적인 상승이 시작되었다고 해석한다. 반대로 캔들의 몸통이 작아지고 거래량이 줄어들면, 이제 힘이 빠졌다는 신호로 받아들인다.

　캔들 패턴은 100% 확정적인 것은 아니지만 확률 높은 시나리오를 만들어주는 유용한 도구다. 또한 나는 캔들을 볼 때 반드시 거래량을 함께 본다. 같은 양봉이라도 거래량이 많으면 신뢰할 수 있는 상승으로 본다. 거래량이 적은 양봉은 일시적인 반등이거나 세력 없는 기술적 반등일 가능성이 크다.

　특히 대장주의 장대 양봉+폭발 거래량은 시장의 중심이 바뀌는 시점일 수 있으므로 강한 신호로 받아들인다. 결국 캔들은 내가 시장을 읽는 가장 기본적인 언어다. 차트에 그려진 하나의 도형은 수많은 투자자의 탐욕과 공포, 기대와 실망이 응축된 결과물이다.

　처음엔 어렵게 느껴졌지만 매일매일 하나씩 해석해보고 기록하면서 자연스럽게 눈에 익혔다.

  이제는 차트를 켜면 캔들 하나만 봐도 '오늘 무슨 일이 있었는지' 감이 올 정도가 되었다. 캔들은 단순한 가격 도구가 아니라 시장 심리의 거울이다. 나는 그 안에서 매수와 매도 타이밍을 잡고 있다.

  캔들은 작은 심리를 나타내고 있으며 캔들을 잘 이해하는 것이 결국 시장을 잘 이해하는 길이라는 걸 매일 실감하고 있다.

세력도 숨길 수 없는 거래량

차트는 많은 심리를 담고 있다. 장대 양봉이나 상한가 캔들이 많은 거래량을 동반했다면 종목 분석을 꼭 할 필요가 있다. 예전에 상한가 종목을 따라 들어갔다가 하루 만에 고점에 물린 경험을 했다. 그 종목은 거래량 없이 오른 종목이었다. 그때 깨달은 것이 바로 거래량의 중요성이다.

  어느 날 차트를 보는데, 장대 양봉 하나에 거래량이 1,000만 주 이상 터진 캔들이 있었다. 당시에는 그저 '많이 샀네'라고만 생각했지만, 지금은 다르게 본다. 그 정도 거래량은 개인의 손으로는 불가능하다는 걸 경험을 통해 알게 되었다. 누군가는 반드시 이 종목을 올리고 있다는 의심을 해야 하는 구간이었다.

  주식 시장에서 거래량은 가격 못지않게 중요한 지표다. 거래량이란 일정 기간 동안 얼마나 많은 주식이 사고 팔렸는지를 나타내는 수치로 보통 하루 단위로 표시되며, 이는 시장 참여자들의 관심도와 에너지를 반영하는 역할을 한다.

주가가 오르거나 내리는 것만으로는 시장의 진짜 흐름을 파악하기 어렵고 거래량을 함께 봐야 추세의 강도와 신뢰도를 판단할 수 있다. 주가가 아무리 올라가도 거래량이 없다면, 나는 그 흐름을 신뢰하지 않는다. 반면 거래량이 폭발한 상승은 그 안에 실린 강한 매수세와 심리를 보여주는 진짜 흐름일 수 있다.

실제로 주가가 급등했지만 거래량이 변하지 않은 종목에 들어갔다가 낭패를 본 적이 있다. 가격은 올라갔지만 매수세는 약했고, 결국 며칠 지나지 않아 급락했다. 그때 느낀 것은 거래량이 없는 상승은 쉽게 무너진다는 사실이다. 반대로 가격과 거래량이 동시에 올라가는 경우는 시장의 신뢰가 실린 강한 흐름이라고 해석한다.

또한 거래량은 추세 전환의 힌트를 주는 조용한 신호다. 다음 장의 도표 〈3-2〉처럼 하락하던 종목이 어느 날 갑자기 거래량을 동반한 양봉이 나오면, 나는 그것을 주의 깊게 지켜본다. 처음에는 반등일 수 있지만, 그 이후 이동평균선 정배열과 거래량 증가가 반복되면 진짜 추세 전환으로 이어지는 경우가 많았다.

거래량은 투자자들의 감정을 그대로 반영한다. 탐욕이 커질 때 거래량은 폭발하고, 공포가 커질 때도 거래량은 폭발한다. 나

출처: 알파스퀘어

는 급등장에서 거래량이 과하게 터지는 모습을 보면 차익 실현을 고민하게 되고, 급락장에서 거래량이 급증하면 반등을 준비하는 기준점으로 삼는다. 결국 거래량은 사람들의 감정이 고스란히 숫자로 표현된 지표다.

　내가 가장 거래량을 중요하게 여기는 시점은 돌파 매매를 할 때다. 저항선을 돌파할 때 거래량이 동반되지 않으면 가짜 돌파일 가능성이 크고, 반대로 거래량이 터진 돌파는 강한 흐름으로 이어질 가능성이 높다. 그래서 나는 캔들보다 먼저 거래량을 확인하는 습관을 들였다.

　"가격은 속여도 거래량은 속이지 못한다."

　이 말은 내가 실전에서 절절히 느낀 말이다. 누군가 의도적으로 차트를 꾸밀 수는 있어도, 그 뒤에 수백억 원의 실제 자금이

들어오지 않으면 그 움직임은 오래가지 못한다는 사실을 수차례 겪었다.

나는 매매를 하기 전 항상 그날의 거래량이 평균 대비 얼마나 증가했는지를 확인한다. 거래량이 갑자기 늘어난 날은 뉴스가 없더라도 뭔가 수상한 움직임이 있는 날이다. 때로는 정보보다 거래량이 더 빠르다는 사실을 체감한다.

결국 거래량은 단순한 숫자가 아니다. 그것은 시장 참여자들의 관심, 심리, 자금 흐름을 동시에 보여주는 정직한 신호다. 나는 이제 거래량을 보지 않고는 어떤 매매도 하지 않는다. 거래량은 주가의 방향성에 힘과 신뢰를 부여해주는 기준선이기 때문이다.

거래량 없이 가격만 보는 투자는 바람의 방향을 무시한 채 돛을 펼치는 것과 같다. 이제 나는 캔들, 이동평균선, 거래 대금과 함께 반드시 거래량을 기준으로 움직인다. 거래량은 내게 시장의 진짜 흐름을 알려주고 시장의 심리를 읽기 위한 가장 정직하고 강력한 근거다.

차트는 많은 심리를 담고 있다. 장대 양봉이나 상한가 캔들이 많은 거래량을 동반했다면 분석을 꼭 할 필요가 있다. 한 캔들에 거래량이 1,000만 주 이상 터졌다는 것은 개인들의 거래로 이뤄졌다고 보기 힘들다. 종목을 올리려고 하는 주체가 반드시 있을 것이라는 의심을 해보는 것이 좋다.

거래량이 많다는 것은 그만큼 많은 투자자들이 해당 종목에 관심을 갖고 있다는 뜻이며 주가의 움직임에 힘이 실린 것으로 해석할 수 있다. 반면 거래량이 적으면 단순한 가격 변동에 불과할 수 있으며 추세가 약하거나 일시적일 가능성이 높다. 예를 들어 주가가 급등했는데 거래량이 평소보다 적다면 이는 시장에서 일부 세력에 의해 만들어진 가짜 상승일 수 있으며 반대로 주가가 오르면서 거래량까지 폭발적으로 증가했다면 강한 매수세가 유입된 신뢰도 높은 상승으로 볼 수 있다.

또한 거래량은 주가 전환의 신호를 미리 포착할 수 있는 힌트를 주기도 한다. 예를 들어 주가가 하락하다가 어느 날 거래량이 급증하면서 양봉이 나타나면 이는 저점에서 매수세가 강하게 들어오고 있다는 신호일 수 있다. 이런 경우는 추세 전환의 초기 단계일 가능성이 있으므로 투자자들은 주의 깊게 지켜볼 필요가 있다. 반대로 주가가 상승 추세를 이어가던 중 갑자기 거래량이 줄고 양봉의 크기가 작아진다면 이는 상승 에너지가 약해지고 있다는 뜻으로 해석할 수 있다.

거래량은 단순 수치 그 이상으로 주식의 심리를 반영하는 역할도 한다. 투자자들의 탐욕과 공포가 그대로 거래량에 드러나는 것이다. 급등 장세에서 거래량이 폭발하면 이는 시장에 대한 기대감이 극도로 높아졌다는 의미이고 급락장에서 거래량이 증가하면 공포심에 따른 투매가 일어나는 경우가 많다. 이런 흐름 속에서 반등의 단서를 찾거나, 매도 시점을 미리 포착할 수 있다.

거래량 분석은 주식 투자 초보자뿐만 아니라, 숙련된 트레이더에게도 매우 중요한 도구다. 가격은 속일 수 있어도 거래량은 속이기 어렵다는 말이 있을 정도로 시장의 본질적인 움직임을 이해하는 데 중요한 힌트를 제공해준다. 특히 단기 매매를 주로 하는 투자자에게는 거래량이 실시간 판단 지표로 기능하며, 돌파 매매, 눌림목 매매, 급등주 대응 등 다양한 전략에서 핵심적인 기준이 되기도 한다.

결국 거래량은 주식 시장에서 힘과 신뢰도를 측정할 수 있는 지표이자 가격 흐름의 배경을 이해하기 위한 핵심 요소다. 가격과 함께 거래량을 반드시 함께 분석하고 해석하는 습관을 기르는 것이 안정적이고 성공적인 투자의 출발점이다.

정직한 신호인
거래 대금

거래량과 함께 꼭 체크해야 할 것이 거래 대금이다. 차트에서 '터졌다'는 신호와 함께 거래량이 폭증하면 '세력이 들어왔구나'라고 쉽게 생각하곤 했다. 그런데 실제 매매에서 어이없는 실수를 하게 되었다. 거래량은 많았지만, 알고 보니 동전주였고 거래 대금은 형편없었던 것이다.

그 후로 나는 거래량만 보는 것은 불완전한 판단이라는 걸 절감하게 되었다. 그래서 그때부터 거래량과 거래 대금을 반드시 함께 본다는 원칙을 세우게 되었다. 거래 대금은 실제로 돈이 얼마나 움직였는지를 보여주는 지표다.

계산법은 간단하다. 거래량×주가=거래 대금이다. 즉 주가가 낮은 동전주의 경우 수백만 주 거래되어도, 실제 돈은 얼마 들어오지 않을 수 있다는 뜻이다. 반면 고가주의 경우 적은 수량만 거래되어도 거래 대금은 크다. 그래서 거래 대금은 단순한 '거래 활발 여부'를 넘어서 시장에 실제로 돈이 들어왔는지 빠져나갔는지를 보여주는 핵심 신호다.

시장 전체를 볼 때도 거래 대금을 자주 활용한다. 예를 들어 코스피 전체 거래 대금이 평소보다 30% 이상 급증하면, 이는 단기적인 상승 분위기의 시작일 수 있다. 반대로 거래 대금이 급감하면 투자자들이 관망 중이거나 불확실성이 커졌다는 뜻으로 해석한다. 단순히 지수가 움직인 것보다 거래 대금의 변화 폭이 훨씬 현실적인 신호라는 걸 여러 번 경험으로 확인했다.

개별 종목 분석에서도 마찬가지다. 예전에 어떤 종목이 뉴스로 급등했길래 따라 살까 고민했었다. 그런데 거래 대금을 보니 의외로 크지 않았다. 결국 며칠 뒤 조용히 원래 자리로 돌아갔다. 반대로 또 다른 종목은 뉴스 없이 조용히 오르길래 의심했지만, 거래 대금이 평소보다 10배 이상 늘어 있었다.

그 종목은 결국 대장주가 되었고, 나는 뒤늦게 그 거래 대금이 '시장 관심'을 먼저 보여줬다는 걸 깨닫게 되었다. 거래 대금은 세력의 움직임을 간접적으로 확인할 수 있는 도구이기도 하다. 큰손인 기관이나 외국인은 한 번에 수십억 원 단위로 매매를 하기에, 그 흔적은 거래 대금에 남는다.

특정 구간에서 거래 대금이 급증하면서 주가가 버티고 있으면, 누군가 물량을 매집 중이라는 강한 신호일 수 있다. 반대로 고점에서 거래 대금이 폭발했다가 주가가 하락하면, 세력의 이익 실현이나 던지기의 흔적일 수 있다.

나는 한번 호가창이 얇은 종목에 잘못 들어갔다가 며칠 동안 한 번에 팔지도 못하고 나눠서 매도한 경험이 있다. 당시 거래량은 많아 보였지만 거래 대금은 낮았고, 체결도 느렸다. 그 뒤로는 거래 대금이 1,000억 이상 되는 종목만 매매하는 습관이 생겼다.

이처럼 거래 대금은 유동성의 핵심 지표이며, 특히 단기 매매자에게는 생존 조건이다. 또한 이동평균선, 캔들 패턴, RSI 같은 지표를 활용할 때도 항상 거래 대금을 함께 본다. 가격이 올랐는데 거래 대금은 줄었다면 '힘 없는 상승'이라 판단하고 조심하게 된다. 반대로 조정 중인데 거래 대금이 유지되거나 오히려 증가하면, '매집 중'이라 판단하고 관심 있게 지켜본다. 즉 거래 대금은 기술적 신호의 신뢰도를 높여주는 필터 역할을 해주는 도구다. 거래 대금은 그날 그 시점, 그 종목에 투자자들이 실제로 얼마나 돈을 베팅했는지를 말해주는 유일한 지표다.

그래서 나는 거래 대금을 '심리의 무게'라 부른다. 누구나 차트는 볼 수 있지만, 실제 돈이 실린 자리만이 진짜 의미 있는 흐름이라는 것을 체감했기 때문이다. 결국 거래 대금은 단순한 숫자의 합계가 아니다. 그 안에는 투자자들의 심리, 관심, 자금의 방향, 세력의 의도까지 담겨 있다. 그래서 매매 전 반드시 거래 대금을 확인하고, 그것이 없다면 아무리 좋아 보여도 거래를 하지 않는다. 거래 대금은 시장의 진짜 흐름을 읽는 열쇠이자 실전 투자에서 신뢰할 수 있는 지표다.

주가의 흐름을 직관적으로 보여주는 이동평균선

처음 주식 차트를 봤을 때 내 눈에 가장 먼저 들어온 것은 '선'이었다. 빨간 선, 파란 선, 여러 가지 선들이 겹쳐 있었는데, 사람들은 그 선을 이동평균선이라 불렀다. 처음엔 그저 선이 예쁘게 따라가는 것처럼만 보였지만, 알고 보니 이동평균선은 주가 흐름을 부드럽게 보여주는 가장 기본적인 지표였다.

이동평균선은 일정 기간 동안의 주가 평균을 선으로 이어붙인 것으로, 예를 들어 5일 이동평균선은 최근 5일간의 종가 평균을 나타낸 선이다. 그렇게 복잡해 보였던 선이 사실은 단순한 수학 계산이라는 걸 알고 나서부터 친숙해지기 시작했다.

이동평균선은 단기, 중기, 장기로 나뉜다. 5일선, 10일선은 단기, 20일선과 60일선은 중기, 그리고 120일선, 200일선, 240일

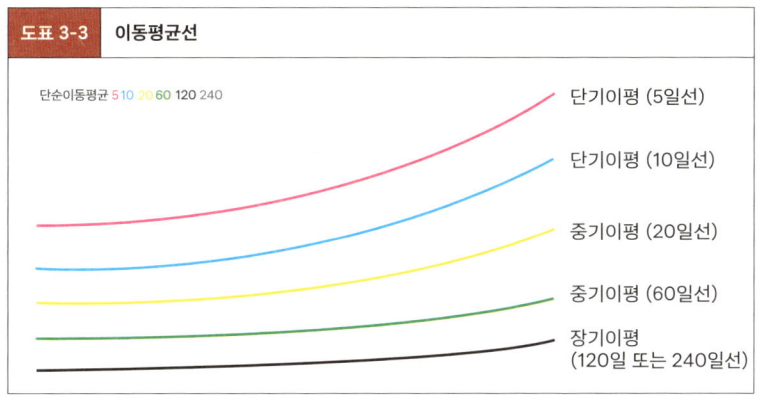

선은 장기 이동평균선이다. 나는 처음엔 20일선과 60일선만 집중적으로 봤다. 왜냐하면 그 선들이 중기 추세를 잘 보여주고, 많은 투자자들이 매수와 매도의 기준점으로 삼는다는 걸 알게 되었기 때문이다.

이동평균선은 지지와 저항 개념으로도 자주 쓰인다. 실제로 상승 중이던 종목이 조정을 받을 때 20일선 부근에서 자주 반등하는 것을 보았고 매수 타이밍으로 삼은 적도 있다. 반대로 하락 추세에서는 이동평균선이 주가를 눌러주는 저항선처럼 작용했다. 캔들이 선을 넘지 못하고 다시 하락할 때 나는 그 선을 강한 매도 저항으로 받아들였다.

'골든 크로스(golden cross)'와 '데드 크로스(dead cross)'는 처음엔 생소했지만, 차트를 많이 보면서 그 중요성을 깨달았다. 골든 크로스는 단기선이 장기선을 아래에서 위로 돌파하는 것이고, 이는 상승의 시작 신호로 해석된다. 실제로 골든 크로스 직후 급등한 종목을 경험하면서 나는 이 패턴을 신호로 활용하기 시작했다. 반면 데드 크로스는 하락 전환의 신호였고, 이때는 보유 종목을 다시 점검하거나 비중을 줄이는 전략을 택하게 되었다.

이동평균선의 배열 순서도 중요한 기준으로 삼는다. 단기선이 중기선 위에 있고, 중기선이 장기선 위에 있을 때, 이른바 '정배열'이 되는데, 이는 상승 추세가 강하게 유지되고 있다는 신호다. 반대로 '역배열' 상태에서는 반등이 나와도 약하다는 걸 알기에 신중한 접근이 필요하다는 걸 여러 번의 실패를 통해 배웠다.

이동평균선의 한계도 분명히 존재한다. 대표적인 단점은 '후행성'이다. 과거 데이터를 바탕으로 선을 그리기 때문에, 급등이나 급락과 같은 돌발 상황에는 뒤늦게 반응한다는 약점이 있다. 실제로 좋은 뉴스가 터져서 주가가 급등했을 때 이동평균선은 한참 뒤에야 우상향으로 바뀌었다. 이로 인해 매수 타이밍을 놓친 적도 여러 번 있었다.

그래서 나는 이동평균선을 단독으로 사용하기보다는 거래량, MACD, RSI 같은 다른 지표들과 함께 종합적으로 판단하게 되었다. 특히 거래량이 터지면서 이동평균선을 돌파하는 경우는 신뢰도가 높아 매수 타이밍으로 삼는다.

실전 투자에서는 이동평균선을 기준으로 여러 전략을 써왔다. 예를 들어 20일선이 우상향하는 종목만을 골라 단기 매매를 시도했고, 60일선 부근에서 지지가 나오는 종목은 분할 매수 구간으로 삼았다. 120일선을 하락 돌파할 때는 보유 종목을 정리하거나 손절을 고려하는 기준선으로 활용했다. 이런 방식으로 나는 이동평균선을 나만의 나침반처럼 사용하기 시작했다.

특히 기억에 남는 것은 어떤 종목이 200일선을 바닥으로 다지고 우상향으로 전환되던 시점이었다. 거래량이 동반되면서 천천히 상승 추세로 돌아섰고, 그 종목은 결국 몇 달간 상승세를 이어갔다. 그때 나는 이동평균선의 힘을 실감하게 되었다.

결국 이동평균선은 주가 흐름을 가장 직관적으로 보여주는 도구다. 초보자에게는 전체 시장의 방향을 파악하게 해주고, 숙련자에게는 타이밍을 잡는 강력한 무기가 되어준다. 이동평균선 하나만 잘 이해해도 시장을 보는 눈이 달라진다. 그것은 단순한 선이 아니라, 시장 참여자들의 평균 심리이자 추세 방향을 말해주는 신호다.

이동평균선은 내가 차트를 분석할 때 확인하는 하나의 보조지표로서 그 선의 흐름과 위치, 배열, 돌파 여부를 통해 나는 주식 시장의 큰 그림을 파악하게 되었다.

종목의 방향성을
읽을 수 있는 추세

주가가 오르면 따라 사고 내리면 던지는 단순한 매매를 반복하던 시절이 있었다. 하지만 수익은커녕 손실만 쌓여갔다. 그 이유를 고민하던 중에 누군가 내게 이렇게 말했다.

"추세에 역행하면 시장에 맞서 싸우는 거야."

그때부터 나는 '추세'라는 개념을 본격적으로 공부하게 되었다. 추세는 단순히 주가가 오르거나 내리는 움직임이 아니다. 그것은 시장 참여자들의 심리와 매수·매도 세력 간의 균형이 만들어낸 흐름이다. 주식 시장에서 추세를 읽는다는 것은 곧 시장의 생각을 읽는 것과 같다는 걸 알게 되었다.

가장 먼저 이해한 것은 상승 추세다. 나는 어느 날 저점과 고점이 계속 높아지는 종목을 보며 따라 들어갔고, 적절한 매수 타이

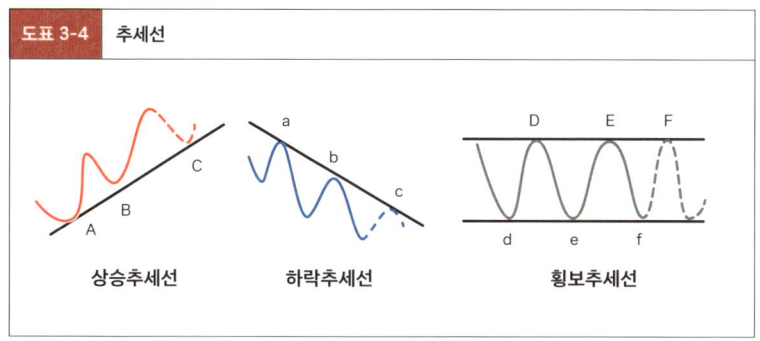

밍만 잘 잡으면 안정적인 수익이 나오는 것을 경험했다. 상승 추세에서는 매수세가 강해 가격이 떨어져도 예전보다 더 높은 자리에서 다시 반등하는 경우가 많았다. 그래서 나는 상승 추세에선 조정이 기회라는 걸 배우게 되었다.

반대로 하락 추세에서는 똑같이 따라 사면 큰일이 났다. 반등이 나오는 듯해서 샀지만, 결국은 고점을 넘지 못하고 다시 추락했다. 그때 하락 추세에서는 손절이 늦어질수록 손실이 커진다는 것을 알게 되었다. 하락 추세는 매도세가 강하다는 신호이며, 반등은 잠깐의 함정일 수 있다는 걸 체감하게 되었다.

횡보 추세도 자주 경험했다. 주가가 좁은 박스권 안에서 왔다 갔다 하는 모습을 보며 나는 '기회가 없다'고 느꼈지만, 나중에 그 구간이 큰 방향 전환의 전조였다는 걸 알게 되었다. 횡보는 방향성 없는 지루한 흐름 같지만, 사실은 힘을 모으는 구간이다. 그래서 나는 이 시기엔 무리하게 들어가지 않고 기다리는 전략을 택하게 되었다.

추세를 좀 더 명확히 보려면 도구가 필요했다. 그래서 나는 추세선을 그리기 시작했다. 상승 추세에서는 저점을 잇고, 하락 추세에서는 고점을 이었다. 단순한 선 하나가 어느 순간 강한 지지나 저항이 된다는 사실을 눈으로 확인하면서, 이 선이 깨질 때마다 매매 전략도 달라져야 한다는 걸 깨달았다.

이동평균선도 활용하기 시작했다. 주가가 5일선, 20일선, 60일선 위에서 움직이면 상승 추세로 해석했고, 반대로 아래에 머물면 하락 추세로 판단했다. 특히 골든 크로스와 데드 크로스를 참고하면서 추세의 변곡점을 포착하려고 노력했다. 이동평균선의 흐름은 단순한 선이 아니라 많은 투자자들의 평균 심리이자 방향이기 때문에 중요하다. MACD나 RSI 같은 보조 지표도 처음엔 복잡했지만 익숙해지니 추세의 강도와 속도를 판단하는 데 큰 도움이 되었다.

나는 추세를 단기, 중기, 장기로 나누어 보게 되었다. 단기 추세는 며칠에서 몇 주, 중기는 몇 달, 장기는 1년 이상을 의미한다. 투자 성향에 따라 어느 추세를 중심에 둘지 결정하는 것도 중요하다는 걸 알게 되었다. 나는 중기 추세를 주로 보면서 장기 추세에 순응하는 방향으로 매매하는 전략을 선호하게 되었다.

가장 어려우면서도 중요한 것은 추세의 전환 시점을 잡는 것이었다. 상승에서 하락으로, 또는 하락에서 상승으로 바뀌는 순간은 수익과 손실의 갈림길이기 때문이다. 하지만 이 전환은 뚜렷하게 보이지 않을 때가 많았다. 그래서 나는 거래량 변화, 캔들 패턴, 갭 발생, 그리고 보조 지표를 함께 보며 종합적으로 판단하게 되었다.

추세는 '친구'라는 말이 있다. 나는 이 말을 실감하게 되었다. 추세를 거스르는 순간마다 시장에 맞서 싸우는 느낌을 받았고, 결국은 큰 손실로 이어졌다. 반면 추세를 따라가면 시장의 흐름에 몸을 맡긴 듯 매매가 한결 수월했다. 시장은 언제나 방향을 만들고 있고, 우리는 그 방향을 읽고 따라가는 것만으로도 유리한 위치를 차지할 수 있다는 걸 깨달았다.

결국 추세란 단순한 가격 움직임이 아니라 시장 참여자들의 심리와 돈의 흐름이 모여 만들어낸 결과다. 그 흐름을 읽을 수 있느냐 없느냐가 투자자의 실력 차이를 만든다는 걸 실전 경험을 통해 절감하게 되었다.

달리는 말에
올라타는 수급

처음 투자를 시작할 때 주식을 가격으로만 봤다. 차트가 예쁘면 샀고, 뉴스가 좋으면 무조건 따라갔다. 하지만 시간이 지나면서 중요한 걸 하나 깨달았다. 주가는 결국 '누가 사고, 누가 파느냐'에 따라 움직인다는 사실이다.

그때 처음으로 '수급'이라는 개념을 알게 되었다. 수급은 수요와 공급의 줄임말이며, 실제 시장에서 돈이 어디로 흐르는지를 보여주는 지표다. 누가 주식을 사고 있고, 누가 팔고 있는지를 파악하는 것이 수급의 핵심이다.

나는 어느 날 외국인이 삼성전자를 며칠간 연속으로 매수하고 있다는 것을 확인하고 관심을 가졌다. 주가는 그 뒤로 빠르게 상승했다. 그때부터 나는 가격보다 먼저 수급을 보기 시작했다. 수

출처: 네이버페이 증권

급은 기술적 분석과 기본적 분석 사이에 있는 매우 현실적인 분석법이다.

수급의 중심은 매수와 매도의 힘의 균형이다. 매수세가 강하면 주가는 오른다. 반대로 매도세가 강하면 주가는 떨어진다. 단순히 주가가 올랐다고 좋은 게 아니라 누가 샀는지를 봐야 한다는 걸 경험으로 깨달았다.

시장에서 수급의 주체는 크게 세 가지로 나뉜다. 바로 개인, 외국인, 기관이다. 이 셋은 자금 규모와 투자 성향이 모두 다르기 때문에 각자의 흐름을 이해하는 것이 중요하다.

개인은 나처럼 일반 투자자들이다. 대체로 단기 수익을 노리고 감정적인 매매가 많다. 내가 예전에 주가가 많이 오른 종목에 뒤늦게 뛰어들어 손실을 본 것도 개인 투자자들이 몰릴 때 따라갔기 때문이었다.

외국인은 글로벌 펀드나 헤지펀드로 한국 시장에서 큰 영향력을 가진 세력이다. 특히 시가총액이 크고 유동성이 높은 대형주를 좋아한다. 외국인의 움직임은 환율이나 미국 금리, 글로벌 증시 상황에 따라 크게 좌우된다.

기관은 자산운용사나 연기금처럼 장기적인 관점에서 투자하는 주체다. 분석 기반이 탄탄하고 쉽게 흔들리지 않는다. 예전에 기관이 20일 이상 순매수하던 종목을 사서 큰 수익을 본 적이 있다. 그 종목은 결국 실적이 우수하고 안정적인 종목이었다.

수급의 경우 하루, 일주일, 한 달 단위로 순매수와 순매도를 확인할 수 있다. 특히 외국인이나 기관이 동시에 매수에 나설 때는 강한 신호로 받아들이고 있다. 반대로 동시에 매도에 나설 경우는 조심해야 한다고 생각한다.

프로그램 매매도 수급에서 중요한 요소 중 하나다. 알고리즘 기반의 자동 매매로, 외국인이나 기관이 많이 활용하는 방식이다. 프로그램 매매가 급격히 늘어나면 시장의 변동성도 커지는 경향이 있다. 차익 거래와 비차익 거래 비중도 참고하고 있다.

실전에서 나는 세 가지 방식으로 수급을 활용하고 있다. 첫째, 외국인이나 기관이 강하게 매수하는 종목을 단기 매매 대상으로 삼는다. 둘째, 장기적으로는 일정 기간 이상 순매수가 이어지는 종목을 추적한다. 셋째, 수급 전환이 발생한 종목은 추세 변화의 가능성이 있어 집중해서 본다.

하지만 수급만 믿고 투자하면 위험하다는 것도 몸으로 느꼈다. 외국인이 많이 샀다고 해서 무조건 오르는 것은 아니었다. 개인이 순매수한 종목이 반등한 적도 있었다. 결국 수급은 보조 지표일 뿐이며 기술적 분석과 기업 실적, 뉴스까지 종합해서 판단해야 한다는 결론에 이르렀다.

수급과 가격의 방향이 일치하는지도 체크하고 있다. 예를 들어 가격은 오르는데 수급이 매도세라면 그것은 경고 신호로 본다. 반대로 가격과 수급이 함께 움직이면 더 강한 신뢰를 가지게 된다.

뉴스와 수급의 관계도 중요하다는 것을 알게 되었다. 호재 뉴스 직후 외국인과 기관이 함께 매수에 나서면 그 뉴스가 실제로 긍정적으로 받아들여졌다는 뜻이다. 하지만 호재가 나왔는데도 기관이 매도하고 있다면 그 뉴스는 이미 선반영됐거나 실효성이 낮을 가능성이 크다.

수급은 단순한 숫자처럼 보이지만 실제로는 시장의 심리와 돈의 흐름을 보여주는 창이다. 뉴스보다 앞서고 차트보다 현실적인 방향을 제시해주는 중요한 지표다.

결론적으로, 수급은 내가 주식 시장에서 길을 잃지 않게 해주는 나침반이다. 시장에 돈이 들어오고 나가는 방향을 꾸준히 관찰하고 해석하는 습관은 가장 중요한 투자 역량이다. 수급은 시장을 읽는 가장 현실적이고 명확한 언어다.

지지와 저항은
힘의 강력한 균형점

주식을 공부하던 초보 시절 차트를 볼 줄 몰랐고 안 봐도 되는 줄 알았다. '주식은 가치 투자지' 하면서 매출과 영업이익이 좋으니 주가가 높아도 더 올라갈 것이라는 막연한 기대감만 앞섰다. 그러고는 뉴스에 이슈가 나오는 종목을 보고 따라 사는 식이었다.

하지만 자주 손실을 겪으면서 생각이 바뀌기 시작했다. 도대체 왜 어떤 자리는 계속 막히고, 어떤 자리는 계속 반등하는지가 궁금해지기 시작했다. 그래서 나는 '지지'와 '저항', 그리고 '힘의 균형점'이라는 개념을 공부하기 시작했다.

앞서 설명한 개념들이지만 다시 간단히 짚어보자면, 지지선은 마치 바닥처럼 주가를 떠받쳐주는 구간이다. 매수세가 강하게 몰리는 자리라서 주가가 쉽게 더 떨어지지 않는 가격대다. 투자

출처: 알파스퀘어

자들이 '이 정도면 싸다'고 판단하고 매수에 나서기 때문에 생기는 현상이다. 그래서 나는 지지선 부근에서 반등의 신호가 보이면 매수를 고려하게 되었다.

반대로 저항선은 주가가 더 오르지 못하도록 막는 천장 같은 존재다. 매도세가 강하게 작용하는 자리이기 때문에 주가가 자주 되돌아오는 구간이다. 그래서 나는 저항선 부근에 오면 수익실현을 하거나 새로운 매수를 조심하게 되었다.

그러다가 어느 날 주가가 오르지도 내리지도 않고 한자리에서 계속 움직이는 걸 보게 되었다. 박스권처럼 좁은 범위에서만 머무는 흐름이 반복됐다. 처음엔 방향이 없어서 재미없는 장이라 생각했지만, 그것이 바로 '힘의 균형점'이라는 걸 알게 되었다. 매수세와 매도세가 팽팽하게 맞서는 상태에서 나오는 현상이었다.

  힘의 균형점은 매수와 매도가 서로 이기지 못하고 균형을 이루는 구간이다. 이 시기엔 방향이 애매해서 섣불리 매수나 매도를 하기 어렵다. 하지만 이 구간이 길어질수록 언젠가는 한쪽이 승기를 잡으면서 큰 방향이 만들어진다. 그래서 나는 이 구간을 '폭발 전의 정적'이라 부르게 되었다.

  이 세 가지 개념을 더 정확하게 파악하기 위해 나는 거래량과 캔들 흐름도 함께 보기 시작했다. 단순히 선 하나만 그려서 지지와 저항을 판단하는 것은 부족하다는 걸 느꼈기 때문이다. 예를 들어 지지선 근처에서 거래량이 늘고 양봉 캔들이 나오면 매수세가 살아났다는 강한 신호다. 반대로 저항선 부근에서 거래량이 줄고 음봉이 나타나면 매도세가 강해졌다는 경고 신호다.

  힘의 균형점에서 방향을 예측하려고도 노력했다. 일정 기간 동안 거래량이 점점 줄고 캔들이 작아지면 누군가는 물 밑에서 포지션을 쌓고 있는 것 같다는 느낌을 받았고 기대감이 있는 눌림 구간이라는 걸 깨달았다. 이런 흐름 끝에는 큰 폭의 움직임이 자주 나타났기 때문에 나는 이 구간을 집중해서 관찰하게 되었다.

  실제로 지지선에서 반등이 나올 때 매수한 적이 있고 저항선에서 수익 실현을 하며 잘 빠져나온 경험도 있다. 반대로 지지선이 무너졌을 때 손절하지 못해 큰 손실을 본 적도 있다. 그런 경험들을 통해 나는 지지와 저항이 단순한 선이 아니라 투자자들의 심리와 자금이 모인 흔적이라는 것을 알게 되었다.

특히 저항선 돌파 후 지지가 되는 자리를 경험했을 땐 신기하다고 느꼈다. 예전엔 막히던 자리였는데, 이제는 다시 떨어졌을 때 버텨주는 구간으로 바뀌었다. 이런 변화는 추세 전환의 중요한 신호였고 그 뒤로 나는 이런 구간을 매수 포인트로 삼고 있다.

결국 지지, 저항, 그리고 힘의 균형점은 필자가 주식 시장에서 차트의 방향성을 잡을 수 있게 해준 핸들이다. 언제 사야 할지, 언제 팔아야 할지를 알려주는 실전 도구다. 나는 이제 차트를 볼 때 가장 먼저 이 세 가지부터 찾는다. 그 흐름 안에 투자자들의 심리와 돈의 흐름이 담겨 있기 때문이다.

지지, 저항, 그리고 힘의 균형점 이 세 가지 개념은 단순해 보이지만 내가 수익을 낼 수 있었던 거의 모든 트레이딩의 출발점이었다.

모든 차트에는 단 한 줄의 생명선이 있다

주식 차트를 들여다보면 수많은 선들이 눈앞을 가린다. 이동평균선, 추세선, 볼린저 밴드(Bollinger band, 주가의 움직임을 상하단 밴드 내에서 판단하기 위해 고안된 주가 지표)를 비롯해 다양한 보조 지표들이 복잡하게 얽혀 있다. 하지만 이 많은 선들 중에서 정말 중요한 선이 무엇이냐고 묻는다면 나는 단 한 줄을 말할 것이다. 그것은 바로 균형선이다. 시장에서 그 종목이 어떤 흐름을 겪든 반드시 지켜내야 하는 선이 있다. 그리고 그 선은 대개 월봉 차트에서 드러난다. 이 균형선이 무너지지 않는 한 종목은 다시 살아날 가능성이 있으며 오히려 하락한 지금이 가장 큰 기회가 될 수 있다.

이 균형선의 개념은 단순한 가격선이 아니다. 그것은 종목의 역사이며 투자자들의 기억이고 시장의 심리가 응축된 자리다.

특히 고점 대비 50% 이상 하락한 종목의 경우 사람들은 더 이상 관심을 두지 않기 때문에 저평가된 채 방치되는 일이 많다. 하지만 그 안에서 우리는 기회를 본다. 아무도 보지 않는 자리에서 가격이 멈추고 지지가 반복되는 구간이 있다면 그곳이 바로 균형선이기 때문이다.

이 균형선을 찾기 위해서는 먼저 단기 흐름에서 벗어나야 한다. 일봉이나 주봉 차트는 매일매일 시장의 잡음에 휘둘릴 수 있지만 월봉 차트는 긴 시간 동안의 흐름을 보여준다. 한 개의 봉이 한 달을 의미하기 때문에 월봉에는 단기적인 노이즈보다 진짜 방향성, 진짜 매수세가 담겨 있다.

우리가 주목하는 것은 과거에도 지지받았던 가격 그리고 지금 다시 그 자리로 돌아온 종목이다. 예를 들어 어떤 종목이 과거 5년, 10년 동안 여러 번 바닥을 찍었던 가격대가 있고 그때마다 반등이 나왔다면 그 자리는 단순한 숫자가 아니라 시장 참여자들의 매수 기억이 남아 있는 자리다. 그런 자리에 지금 다시 도달했다면 그 종목은 심리적으로도 기술적으로도 가장 강한 지지 구간에 놓여 있다.

이제 우리는 그 자리에서 분할 매수 전략을 세운다. 고점 대비 50% 이상 빠졌다는 것은 이미 시장의 실망감이 주가에 충분히 반영됐다는 뜻이다. 그러나 하락의 끝을 정확히 알 수 없기 때문에 한 번에 매수하지 않고 분할 매수로 나눠 들어간다. 예를 들어 균형선이 3,000원이라면 3,000원에서 1차 매수, 2,300원에서 2차 매수, 1,600원에서 3차 매수 이렇게 분할 매수를 하면 평균 매입 단가는 균형선에서 밀리더라도 안전마진을 가지게 된다. 그리고 반등이 나올 경우 차트상 낮고 가격상 싸게 샀기 때문에 훨씬 유리한 포지션을 가질 수 있다.

무엇보다 중요한 것은 이 전략이 조급함과는 거리가 멀다는 점이다. 이 매매법은 하루이틀 안에 수익을 기대하는 단타가 아니다. 시장이 바닥을 다지고 다시 상승할 때까지 기다릴 줄 아는 사람만이 사용할 수 있는 전략이다. 하지만 그런 기다림은 결코 의미 없는 시간이 아니다. 균형선 근처에서 매집한 사람은 다음 상승 사이클이 왔을 때 누구보다 빠르게 수익 구간에 진입하게 된다. 반면 아무 준비 없이 고점에서 진입한 사람은 오히려 반등이 나와도 본전 근처에 머무른다.

이 전략은 특히 장기적인 기업의 가치를 신뢰할 수 있는 경우에 유효하다. 일시적인 악재로 주가가 빠졌지만, 재무 구조가 건전하고 산업의 성장성이 남아 있는 기업이라면 주가는 반드시 제자리를 찾아간다. 그리고 그 자리로 가는 출발점은 대부분 균형선 부근이다.

물론 균형선이 절대적인 것은 아니다. 만약 기업의 본질적인 가치가 훼손되거나 업황 자체가 무너졌다면 균형선도 지지선이 되지 못한다. 따라서 기업 분석과 기술적 분석이 함께 이뤄져야

출처: 알파스퀘어

한다. 기술적으로는 월봉상 반복적으로 지지가 나왔던 자리인지, 거래량이 붙었는지, 꼬리가 달렸는지를 보아야 하고 기본적으로는 해당 기업이 버틸 수 있는 내실을 갖췄는지도 반드시 살펴봐야 한다.

이와 관련한 실전 사례로 네이버를 들 수 있다. 네이버는 2021년에 고점을 찍고 거의 4년까지 주가는 -50% 이상 밀렸다. 월봉 차트로 보면 힘의 균형점들이 16만 원 근처에 많이 형성된 것을 볼 수 있고, 그 선들을 이으면 16만 원은 강력한 힘의 균형선의 기준이 된다.

균형선은 국장뿐만 아니라 미장에서도 동일하게 적용된다. 반도체 3배 레버리지인 SOXL(Direxion Daily Semiconductors Bull 3x SHS)이란 종목이다. 고위험 종목이기는 하지만 하방보다 상방이 열려 있는 위치에서 리스크는 적다고 판단했다. 고점에서 반토막이 나고 15~17달러 부근에 모여 있는 힘의 균형점을 선으로 그으면, 균형선의 기준이자 1차 분할 매수의 기회가 된다. 〈도표 3-8〉과 〈도표 3-9〉는 실제 균형선을 적용시켜 수익을 낸 사례다.

코인도 국장과 미장같이 차트를 기반으로 한다. 이더리움도

출처: 알파스퀘어

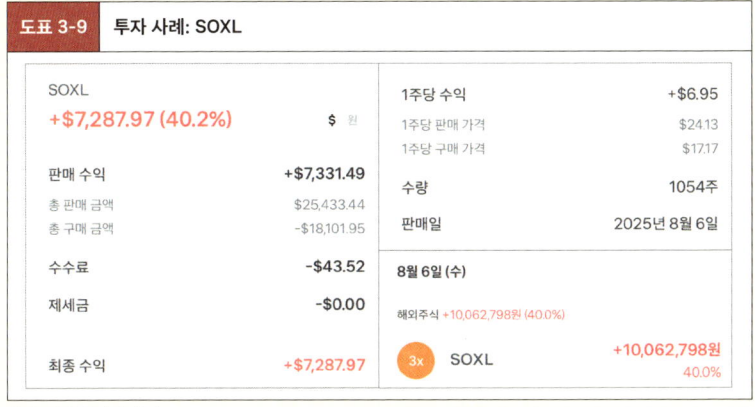

출처: 저자의 계좌 캡처

출처: 알파스퀘어

고점 대비 -50% 이상 하락한 저점에서 힘의 균형점들을 확인하고 그 점들을 연결해 강력한 힘의 균형선을 찾아 매수해 저항에서 매도했다.

손절에 대한 기준도 필요하다. 일반적으로 분할 매수로 전부 매집 이후 20% 이상 하락이 있을 경우에는 전략을 재점검하고 매도 여부를 고려해야 한다. 그러나 그 전까지는 시장이 흔들린다 해도 자신 있게 기다릴 수 있는 근거가 균형선에 있다. 단순히 주가가 싸서가 아니라 그 가격대가 시장이 역사적으로 인정해왔던 자리이기 때문이다.

우리가 매매를 하는 이유는 단 하나다. 좋은 가격에 사고 비싸게 팔기 위해서다. 그런데 좋은 가격이라는 것은 단순히 절대적인 숫자가 아니라, 심리적 기준과 기술적 흐름이 만나 만들어지는 구간이다. 월봉상 균형선은 바로 그런 자리다. 시장에서 아무도 주목하지 않을 때 우리는 그 차트 속 생명선 하나를 보고 준비한다. 그리고 시간이 지나 시장이 다시 눈을 돌릴 때 우리는 이미 그 자리에 있다.

주식은 타이밍의 게임이 아니라 자리의 게임이라는 말이 있다. 맞는 말이다. 자리를 잡는 사람만이 결국 타이밍을 가져간다. 그리고 그 자리의 핵심에는 언제나 단 하나의 선이 있다. 모든 차트에는 단 한 줄의 균형선이 있다.

> **힘의 균형선 매수 타이밍**
>
> 지지와 저항을 바탕으로 월봉 차트상 강력한 단 한 줄의 균형선
>
> 기준 1: 차트_최근 5년치 월봉 차트상 강력한 힘의 균형선
>
> 기준 2: 손익비_차트상 고점에서 -50% 이상인 상태
>
> 기준 3: 기대감_모든 조건에 부합하더라도 종목에 대한 기대감이 없으면 탈락

> **보유 기간 및 매도 타이밍**
>
> 보유 기간: 3개월~1년 이상
>
> 목표 수익률: 보유 기간에 따라 달라짐
>
> 손절 기준: -20%(3차 분할 매수 완료 이후)

PART 4
기업 분석,
물음표를 던지자

매출과 영업이익은 거짓말을 하지 않는다

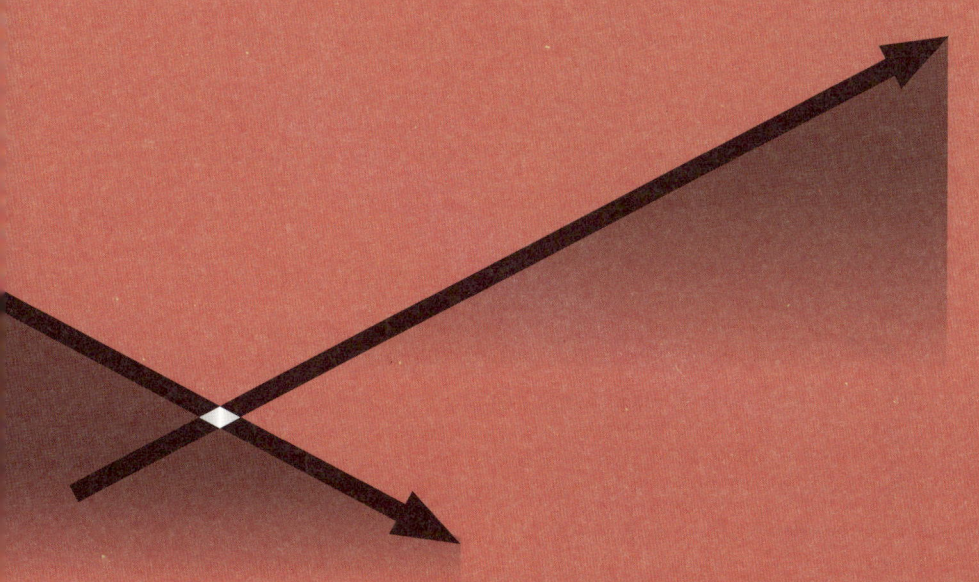

좋은 종목을 찾는 가장 확실한 방법

주식 시장에서 성공적인 투자를 하기 위한 가장 중요한 과정 중 하나가 바로 기업 분석이다. 기업 분석이란 내가 투자하려는 기업이 어떤 사업을 하고 있는지, 돈을 얼마나 잘 벌고 있는지, 앞으로 성장 가능성이 있는지를 살펴보는 과정이다. 단순히 주가가 올랐는지만 보고 투자하기보다는, 그 주가의 배경이 되는 기업의 내면을 먼저 이해하는 것이 훨씬 더 안정적이고 현명한 투자 방법이다.

　기업 분석은 복잡하게 느껴질 수 있지만, 핵심만 간단히 이해하면 누구나 쉽게 시작할 수 있다. 일반 투자자가 분석할 때는 크게 5가지 포인트에 집중하면 된다. 사업 내용, 수익성, 재무 건전성, 성장성, 그리고 경영진의 신뢰도다.

첫째, 어떤 사업을 하는가? 기업의 핵심 사업과 수익 구조를 이해하는 것이 첫걸음이다. 예를 들어 삼성전자는 반도체와 스마트폰 사업을 주력으로 하고, 카카오는 플랫폼 기반의 광고와 금융 서비스, 콘텐츠 사업이 중심이다. 내가 투자하려는 기업이 무슨 제품이나 서비스를 팔고 있는지, 그리고 그 시장이 앞으로 커질지 줄어들지를 생각해보는 것이 중요하다. 자신이 잘 아는 산업이나 평소에 이용하는 브랜드를 가진 기업부터 시작하면 분석이 훨씬 쉽다.

둘째, 돈을 잘 버는가? 기업의 실적을 확인할 때 가장 기본이 되는 지표는 매출액, 영업이익, 순이익이다. 매출액은 얼마나 팔았는지, 영업이익은 실제 사업으로 얼마나 벌었는지, 순이익은 모든 비용과 세금을 제외하고 남은 순수 이익을 나타낸다. 이 숫자들이 매년 꾸준히 증가하고 있는지, 또는 들쭉날쭉한지를 체크하는 것이 좋다. 특히 영업이익이 지속적으로 적자를 기록하면 그 회사의 사업 자체에 문제가 있을 수 있으니 주의해야 한다.

셋째, 재무 상태는 튼튼한가? 아무리 수익이 좋아도 빚이 지나치게 많으면 위험할 수 있다. 이럴 때 확인하는 것이 부채 비율이다. 부채 비율이 200% 이상이면 재무적으로 불안하다는 의미로 해석되며 지나친 차입 경영을 하고 있을 가능성이 있다. 반면 부채가 적고 현금 흐름이 좋다면 외부 충격에도 잘 버틸 수 있다. 또한 이자 비용을 감당할 수 있는 이자 보상 배율(영업이익을 이자 비용으로 나눈 값으로 측정하는 지표)도 참고할 수 있다.

넷째, 미래 성장 가능성이 있는가? 현재보다 중요한 것은 미래다. 앞으로도 이 기업이 계속 성장할 수 있을지, 새로운 시장을 개척하고 있는지, 기술력이나 브랜드 파워가 있는지를 따져보자. 예를 들어 2차전지, 인공지능(AI), 클라우드, 바이오 등 미래 산업에 관련된 기업이라면 시장의 기대를 받을 가능성이 크다. 성장성은 매출 전망, 신규 사업 계획, R&D 투자 비율 등을 통해 확인할 수 있다.

다섯째, 믿을 수 있는 경영진인가? 아무리 좋은 사업 모델과 실적을 가지고 있어도, 경영진이 신뢰를 잃으면 기업 가치도 떨어질 수 있다. 대표이사나 주요 임원진의 이력, 과거의 경영 성과, 도덕성(횡령, 배임 전력 등)을 확인하는 것도 중요하다. 또한 주주 환원 정책이 있는지, 배당금 지급 성향이나 자사주 매입 여부 등은 투자자 친화적인지를 판단하는 기준이 된다.

이처럼 기업 분석은 단순히 숫자를 외우는 것이 아니라, 회사를 입체적으로 바라보는 과정이다. 내가 이 회사를 믿고 몇 년간 보유할 수 있을지 생각하면서 분석하는 것이 중요하다. 뉴스나 주가 흐름에만 의존하지 않고, 스스로 기업을 이해하고 판단할 수 있게 되면 시장의 변동에도 흔들리지 않고 중심을 잡을 수 있다.

마지막으로, 기업 분석은 한 번 하고 끝나는 작업이 아니다. 분기별 실적 발표, 산업 흐름 변화, 정책 이슈 등 다양한 외부 요인에 따라 기업의 상황은 계속 달라지므로 꾸준히 업데이트하며 관심을 가져야 한다. 특히 실적이 좋더라도 주가가 저평가된 경우에는 큰 수익을 거둘 수 있는 기회가 되기도 한다.

결론적으로 기업 분석은 주식 투자의 기본이자 핵심이다. 제대로 된 분석 없이 매매를 반복하는 것은 마치 방향 없는 배를 타는 것과 같다. 반면 기업을 이해하고 믿고 투자하는 사람은 시장의 파도에도 끄떡없이 길을 이어갈 수 있다. 수익을 높이는 방법은 많지만, 손실을 줄이는 가장 확실한 방법은 좋은 기업을 고르는 것이다. 그것이 바로 기업 분석이다.

매수하려는 기업은
어떤 기업인가?

기업 분석에서 가장 기본이자 출발점이 되는 것이 바로 '어떤 기업인가?'라는 질문이다. 투자자는 이 질문에 스스로 명확하게 대답할 수 있어야 한다. 이 질문에 대한 답을 찾는 과정에서 우리는 기업의 본질, 업력, 주요 사업, 시장 위치, 비전, 경쟁력 등을 자연스럽게 파악하게 된다.

기업을 이해하는 데 있어 가장 먼저 볼 것은 업종과 사업 모델이다. 이 기업이 어떤 산업에 속해 있고, 구체적으로 어떤 제품이나 서비스를 제공하는지 파악해야 한다. 예를 들어 반도체 제조업체라면 메모리, 시스템 반도체 중 무엇에 집중하는지, 또 IT 소비재에 납품하는지, 자동차나 산업용 시장을 타깃으로 하는지까지 확인하는 것이 좋다. 단순히 '반도체 기업이다'라고만 알고 있어서는 부족하다. 그 안에서도 기업이 어떤 세부 시장에 집중하고 있으며, 어떤 방식으로 수익을 창출하는지를 알아야 한다.

두 번째는 설립 연도와 창업자 또는 창립 배경이다. 기업이 언제 만들어졌고, 누가 만들었으며, 어떤 비전을 가지고 시작되었는지를 파악하면 기업의 정체성을 이해하는 데 큰 도움이 된다. 특히 창업자가 지금도 경영에 참여하고 있는 오너 기업일 경우, 창업자의 경영 철학이나 판단 스타일을 알면 미래 전략을 예측하는 데 유리하다. 반대로 전문경영인 체제라면 이사회와 CEO의 역할, 임기, 과거 경력 등을 체크할 필요가 있다.

세 번째는 기업의 성장 과정이다. 설립 이후 어떤 변화를 겪었고, 어떤 위기와 기회를 거쳐 현재에 이르렀는지 살펴보면 기업의 체력과 생존력을 가늠할 수 있다. 예를 들어 외환 위기나 글로벌 금융 위기, 코로나19 팬데믹 같은 위기를 어떻게 극복했는지, 새로운 시장에 진출한 경험이 있는지 등을 보면 기업의 적응력과 유연성을 알 수 있다. 또한 인수합병(M&A) 전략을 통해 몸집을 키워온 기업인지, 내부 기술력과 조직 역량을 키워 성장한 기업인지에 따라 기업의 미래 전략도 달라진다.

다음으로는 매출 구조와 주요 고객군이다. 단순히 매출이 많다고 좋은 것이 아니다. 매출이 어디서 나오는지를 분석해야 한다. 매출의 대부분이 한두 고객사에 의존한다면 리스크가 크다. 반면 매출처가 다양하고 지역별로 고르게 분산되어 있다면 안정적인 구조다. 예를 들어 애플에 납품하는 비중이 80%인 부품업체라면 애플의 정책 변화 하나로 실적이 크게 흔들릴 수 있다. 반면 10개 이상의 글로벌 고객사를 골고루 두고 있는 기업이라면 어느 한 곳이 빠지더라도 버틸 수 있는 힘이 있다.

또한 시장 점유율과 경쟁사 대비 경쟁력도 확인해야 한다. 이 기업이 국내 시장에서 몇 번째로 큰 기업인지, 글로벌 시장에서는 어떤 위치에 있는지를 파악해야 한다. 기술력, 가격 경쟁력, 브랜드 인지도, 특허 보유 현황 등도 함께 체크하면 좋다. 특히 기술 중심 산업일수록 특허나 원천 기술 보유 여부는 중요한 요소가 된다.

비즈니스 모델의 지속 가능성도 중요하다. 현재는 잘나가지만 5년 뒤, 10년 뒤에도 지금처럼 수익을 낼 수 있을까? 시장 트렌드 변화에 따라 해당 산업 자체가 위축될 가능성은 없을까? 예를 들어 과거에는 내연기관 부품업체가 호황이었지만 전기차 시대가 되면서 수요가 줄고 있다. 따라서 기업이 어떻게 변화에 대응하고 있는지도 확인해야 한다. 신사업 진출, ESG(Environmental, Social and Corporate Governance, 환경·사회·지배 구조를 이르는 말로서 기업에 대한 투자 지속 가능성과 사회적 영향을 측정하는 요소) 대응, 디지털 전환 등의 노력을 하고 있는지도 살펴보자.

마지막으로는 기업의 철학과 비전이다. 겉으로 드러나는 숫자나 실적 외에도, 이 기업이 어떤 가치를 중요하게 생각하고 어떤 미래를 그리는지가 중요하다. 투자자 입장에서는 그 비전이 현실적으로 가능성이 있는지, 경영진이 이를 실현할 능력과 전략을 갖췄는지를 판단해야 한다.

종합하자면, '어떤 기업인가?'라는 질문에는 단순히 업종이나 매출 규모만으로는 충분하지 않다. 사업 모델, 경쟁력, 매출 구조, 고객, 시장 위치, 성장 역사, 그리고 미래 비전까지 종합적으로 이해해야 진짜로 그 기업을 안다고 할 수 있다. 이 질문에 대해 스스로 서술할 수 있을 만큼 분석해본다면 주식 투자에 있어서 가장 중요한 기초 체력을 갖춘 셈이다. 기업을 제대로 이해하는 것, 그것이 바로 기업 분석의 출발점이다.

테슬라는 어떤 기업인가?

지금부터 테슬라를 사례로 기업 분석에 대해 알아보자. 많은 사람들은 테슬라를 '전기차 회사'라고 생각한다. 맞는 말이지만, 테슬라는 단지 전기차만 만드는 회사가 아니다. 테슬라는 자동차 산업을 넘어 에너지, AI, 로보틱스, 자율주행 소프트웨어에 이르기까지 다방면으로 확장된 기술 중심 기업이다. 일론 머스크(Elon Musk)가 이끄는 테슬라의 사업 모델은 단순한 자동차 판매가 아니라, 장기적으로는 '지속 가능한 에너지 생태계'를 구축하는 데

초점이 맞춰져 있다.

테슬라의 주력 사업은 전기차 생산과 판매다. 테슬라는 모델 S, 모델 3, 모델 X, 모델 Y를 중심으로 다양한 라인업을 갖추고 있으며, 최근에는 전기 픽업트럭인 사이버트럭(Cybertruck)과 로드스터, 세미트럭 등의 상용차 및 고성능차 모델을 공개하거나 생산을 준비 중이다.

테슬라의 전기차는 단순한 내연기관 대체재가 아니다. 자체 설계한 배터리, 전력 인버터, 드라이브 유닛 등 핵심 부품을 수직 계열화해 기술적 자립도를 높였고, 이를 통해 원가 경쟁력과 품질 모두를 확보하고 있다. 특히 OTA(Over-the-Air) 무선 업데이트 기술을 통해 소프트웨어 성능을 지속적으로 개선하는 점은 기존 완성차업체들과 차별화되는 경쟁력이다.

테슬라의 전기차가 단순히 기계가 아닌 '바퀴 달린 컴퓨터'라고 불리는 이유는 바로 자율주행 소프트웨어 때문이다. 테슬라는 '오토파일럿' 기능을 기본 탑재하며, 추가 요금을 내면 'FSD(Full Self Driving, 완전 자율주행)' 패키지를 구입할 수 있다. 이 소프트웨어는 지속적인 업데이트를 통해 점점 더 높은 단계의 자율주행을 구현하고 있다.

테슬라는 이 소프트웨어를 장기적으로는 로보택시 서비스로 확대할 계획이다. 즉 자동차가 운전자를 필요로 하지 않고 스스로 고객을 태우고 이동하는 서비스를 상용화하려는 것이다. 이 모델이 현실화될 경우 테슬라는 자동차 판매업체에서 플랫폼 기반 수익을 창출하는 기업으로 전환될 수 있다.

많은 투자자들이 놓치는 부분 중 하나가 바로 테슬라의 에너지 사업이다. 테슬라는 솔라 루프(Solar Roof, 태양광 지붕)와 파워월(Powerwall), 메가팩(Megapack) 등의 에너지 저장 장치를 통해 친환경 에너지 생산과 저장 솔루션을 제공하고 있다.

파워월은 가정용 배터리로 태양광 패널과 연동해 주택 내 전력 사용을 안정화하고, 메가팩은 대형 발전소 수준의 에너지 저장 장치로서 전력 회사나 산업용 고객이 수요 대응과 전력 효율화를 하는 데 사용된다. 이 사업은 아직 자동차 부문 대비 매출 비중이 낮지만, 기후 위기 대응과 에너지 전환 흐름 속에서 장기적으로 매우 중요한 성장 동력이 될 수 있다.

테슬라는 LG에너지솔루션, 파나소닉과 협력해 배터리를 조달하면서도 자체 배터리 생산(C4680 배터리)을 추진하고 있다. 자체 생산을 통해 안정적인 수급, 원가 절감, 성능 향상 등에서 경쟁 우위를 확보하려는 전략이다.

또한 '배터리 데이(Battery Day)'를 통해 공개한 목표는 '배터리의 에너지 밀도는 높이고, 가격은 절반 이하로 낮추는 것'이었다. 이 목표가 현실화되면 테슬라는 전기차 보급 확대의 열쇠를 쥐게 되며 에너지 사업에서도 효율성이 크게 개선될 수 있다.

테슬라는 자율주행 알고리즘을 학습시키기 위해 막대한 연산

자원이 필요하다. 이를 위해 자체 AI 슈퍼컴퓨터인 도조(Dojo)를 개발했다. 도조는 자율주행용 영상 데이터를 처리하고, 더 빠르고 정밀한 AI 학습을 가능하게 한다. 일론 머스크는 향후 이 컴퓨팅 파워를 외부 기업에 AI 클라우드처럼 제공할 가능성도 언급했다. 즉 테슬라는 전기차 회사이자, AI 하드웨어 및 소프트웨어 플랫폼 회사로서의 면모도 동시에 가지고 있다.

최근 테슬라는 휴머노이드 로봇 '옵티머스(Optimus)' 개발에도 속도를 내고 있다. 이 로봇은 단순 반복 작업, 물류 이송, 경비, 공장 내 생산 보조 등 다양한 용도로 활용될 수 있는 범용 AI 로봇이다. 궁극적으로 테슬라는 사람의 노동력을 대체할 수 있는 범용 로봇을 통해 생산성의 새로운 패러다임을 만들려는 야심을 갖고 있다. 이는 단기적인 수익보다는 장기적 비전과 기술 투자의 일환으로 이해할 수 있다.

요약하자면 테슬라는 단순한 전기차 제조업체가 아니다. 이 회사는 자동차, 에너지, AI, 로보틱스, 배터리, 자율주행, 슈퍼컴퓨터까지 아우르는 기술 기반 종합 혁신 기업이다.

전기차는 테슬라 사업의 핵심이지만, 자율주행 소프트웨어는 수익 구조의 혁신을 이끌고, 에너지 저장 솔루션은 미래 신사업을 그리고 AI 슈퍼컴퓨터와 로봇은 기술 리더십을 강화하는 요소다. 테슬라는 미래 산업의 핵심 분야를 하나씩 연결하며 하드웨어+소프트웨어+에너지+AI 통합 생태계를 구축하고 있다.

따라서 투자자는 테슬라를 단순한 자동차 회사로만 보지 말고 에너지 기반 기술 기업 또는 미래 인프라 기업으로서의 본질을 이해하는 것이 중요하다. 이렇게 기업의 사업 구조와 확장 전략을 깊이 있게 이해하는 것이야말로 진짜 기업 분석이다.

당신의 기업은
돈을 잘 버는가?

주식 투자에서 가장 궁금한 질문 중 하나는 '이 기업은 돈을 잘 버는가?'다. 겉으로 보기에 멋져 보이고, 매출도 많고, 언론에도 자주 나오는 기업이라 해도 정작 투자자 입장에서 중요한 것은 단 하나다. 그 기업이 '실제로' 돈을 벌고 있느냐는 것이다. 주식은 결국 그 기업의 가치를 공유하는 것이고, 그 가치의 중심에는 이익이 자리하고 있다. 돈을 벌지 못하는 기업은 꿈만으로 주가를 지탱하기 어렵다. 그래서 투자자는 늘 묻는다. 이 기업은 정말 돈을 잘 벌고 있는가?

이 질문에 답하려면 먼저 한 가지 오해부터 짚고 넘어가야 한다. 흔히 매출이 많으면 잘나가는 기업이라고 생각하는 경우가 많다. 예를 들어 "이 회사 연매출이 5조 원이래"라고 말하는 사람도 있다. 그런데 여기엔 중요한 함정이 있다. 매출은 '팔았다'는 것이지, '벌었다'는 것이 아니다. 다시 말해 물건을 100억 원어치 팔아도 제조 비용과 인건비, 마케팅 비용 등을 빼고 나면 정작 남는 것은 얼마 안 될 수도 있다. 어떤 기업은 1조 원을 팔아도 100억 원밖에 안 남고, 또 어떤 기업은 1,000억 원을 팔고도 300억 원을 남긴다. 진짜 중요한 것은 '얼마를 벌었느냐'이지, '얼마를 팔았느냐'가 아니다.

그럼 기업이 돈을 잘 벌고 있는지를 어떻게 확인할 수 있을까? 그 해답은 재무제표에 있다. 너무 복잡하게 느낄 필요는 없다. 누구나 알 수 있는 간단한 지표 몇 가지만 봐도 어느 정도 윤곽이 잡힌다.

가장 먼저 볼 수 있는 것은 영업이익이다. 영업이익은 기업이 본업을 통해 얼마나 벌고 있는지를 보여주는 지표다. 부동산을 팔아서 얻은 돈이나 환율 덕분에 생긴 이익이 아닌, 그 기업의 핵심 사업으로 벌어들인 수익을 말한다. 예를 들어 자동차를 만드는 기업이라면 자동차를 팔아서 생긴 이익, 플랫폼 기업이라면 플랫폼 운영으로 벌어들인 돈이다. 이 영업이익이 크고, 또 꾸준히 유지되거나 성장하고 있다면 그 기업은 본업에서 확실한 경쟁력을 갖고 있다는 뜻이 된다.

영업이익이 안정적으로 유지되는 기업은 위기에도 쉽게 흔들리지 않는다. 비용 구조가 견고하고, 시장 점유율이 높거나, 브랜드 파워가 있어서 고객이 떠나지 않는 경우가 많기 때문이다. 반대로 영업이익이 낮거나 적자라면 일시적인 흑자도 신뢰하기 어렵다. 특히 유행을 타는 업종에서는 단기간 흑자를 내고도 곧바로 적자로 전환되는 사례가 많다. 그래서 수익성을 판단할 때는 숫자 하나로 만족하지 말고 그 흐름이 어떻게 이어져왔는지도 함께 보는 게 중요하다.

다음으로 살펴볼 것은 순이익이다. 순이익은 회사가 모든 비용과 세금을 다 제하고 최종적으로 주머니에 넣는 돈이다. 마치 자영업자가 한 달간 매출과 지출을 다 정산하고 남긴 순수익 같은 개념이다. 이 순이익이 마이너스라는 것은 아무리 열심히 팔아도 결국 돈을 까먹고 있다는 뜻이다. 투자자 입장에선 위험 신호다.

여기서 또 하나 중요한 포인트가 있다. 이익이 나고는 있지만, 그 이익이 '실제로 들어오는 현금'과 일치하는지는 별개의 문제다. 일부 기업은 회계상 이익은 많은데, 막상 통장에 돈이 없다. 그 이유는 외상 매출이 많거나, 비용이 지연 반영되거나, 기타 복잡한 회계 처리 때문이다. 그래서 우리는 '영업 현금 흐름'이라는 개념을 통해 실제 현금이 들어오고 있는지도 확인할 수 있다. 이 흐름이 플러스라면 사업이 진짜 돈을 벌고 있다는 뜻이고, 마이너스라면 아무리 실적이 좋아 보여도 의심해볼 필요가 있다.

또 하나 빼놓을 수 없는 수익성 지표가 있다. 바로 ROE, 자기 자본 이익률이다. 이것은 투자자 입장에서 가장 직관적인 수치다. '내가 이 회사에 투자했을 때, 얼마만큼의 수익을 낼 수 있느냐'를 보여주는 지표니까. ROE가 높다는 것은 그만큼 투자금 대비 수익이 크다는 뜻이고, 반대로 낮다면 자본을 비효율적으로 운용하고 있다는 의미다. 예를 들어 어떤 기업이 ROE 20%를 기록한다면, 1억을 투자했을 때 2천만 원이 연간 수익으로 돌아온다는 뜻이 된다. 이는 은행 이자나 일반적인 채권 수익률보다 훨씬 높은 수치다. 물론 너무 높다고 무조건 좋은 것은 아니다. 비정상적으로 높은 ROE는 일시적인 이익이나 회계상 착시일 수도 있다.

그렇다면 기업이 돈을 잘 번다는 것은 단순히 높은 이익을 의미할까? 꼭 그렇진 않다. 중요한 것은 그 이익이 '지속 가능하냐'는 점이다. 한 해에 우연히 부동산을 팔아 큰 이익을 낸 기업이 있다고 하자. 언뜻 보면 돈을 잘 버는 것처럼 보이지만, 다음 해에도 같은 수익을 낼 수 있을까? 아마도 아닐 것이다. 진짜 돈을 잘 버는 기업은 꾸준히, 반복적으로, 예측 가능하게 이익을 만들어낸다. 고객이 계속 찾아오고, 제품이 꾸준히 팔리고, 원가 구조가 안정적이고, 사업 모델이 바뀌지 않아야 가능하다.

결국 '이 기업은 돈을 잘 버는가?'라는 질문에 답하려면 우리는 단순한 숫자보다 더 깊은 이해가 필요하다. 그 기업의 비즈니스 모델, 이익 구조, 비용 구조, 경쟁력, 고객 기반, 그리고 외부

환경까지 통합적으로 봐야 한다. 그리고 무엇보다 중요한 것은, 그 이익이 앞으로도 계속될 수 있을 것인지, 아니면 일회성에 그치는 것인지를 구별하는 눈을 갖는 것이다.

돈을 잘 버는 기업은 수익성과 현금 흐름, 자본 효율성, 지속 가능성까지 고루 갖추고 있다. 주식 시장에서 장기적으로 살아남고, 주가가 꾸준히 오르는 기업은 대부분 이 네 가지를 충족한다. 숫자는 거짓말하지 않는다. 그리고 그 숫자 뒤에는 반드시 돈을 잘 벌고 있는 기업이 있다.

테슬라는 돈을 잘 버는가?

그럼 앞서 언급한 테슬라를 가지고 배운 내용을 적용시켜보자. 테슬라는 전 세계에서 가장 주목받는 기업 중 하나다. 전기차의 상징이 되었고, 자율주행과 AI, 에너지 저장, 로보틱스까지 그 영역을 넓히며 '기술 기반 미래 기업'이라는 이미지를 굳혔다. 하지만 그런 화려한 스포트라이트 속에서도 투자자라면 반드시 던져야 할 현실적인 질문은 따로 있다. '이 기업은 정말 돈을 잘 버는가?'

아무리 비전이 크고 혁신적이라 해도, 기업이 결국 투자자로부터 신뢰를 얻고 장기적으로 생존하려면 실질적인 수익 창출

능력이 뒷받침되어야 한다. 테슬라가 과연 '돈을 잘 버는 기업'인지 알아보기 위해선 매출뿐 아니라 이익 구조, 수익성 지표, 현금흐름, 지속 가능성 등을 함께 살펴봐야 한다.

테슬라는 2010년 상장 이후 매출 성장을 이어가며 전기차 시장의 리더로 자리매김했다. 특히 2019년 이후 모델3와 모델Y의 대중화에 성공하면서 연간 매출이 300억 달러에서 800억 달러 이상으로 급증했다. 전기차 생산량도 50만 대에서 180만 대를 넘어섰고, 이제는 텍사스, 독일, 중국 등 세계 각지의 기가팩토리(Gigafactory)를 통해 생산 거점을 확장하고 있다.

그러나 매출이 많다고 해서 곧바로 '돈을 잘 번다'고 단정할 수는 없다. 테슬라가 진짜 의미 있는 평가를 받기 시작한 것은 본격적으로 영업이익과 순이익이 꾸준히 발생하기 시작한 2020년부터다. 그 전까지 테슬라는 수년간 적자에 허덕이며 "꿈만 크고 현실은 없다"는 비판도 받았다. 하지만 2020년을 기점으로 구조가 바뀌었다. 매출 성장과 함께 이익이 동반되기 시작했고, 2021~2023년 동안 테슬라는 지속적으로 11%를 넘는 영업이익률을 기록하며 전통 완성차업체들을 능가하는 수익성을 보여줬다.

2024년 기준 테슬라의 연간 영업이익률은 약 7% 수준이었다. 이는 글로벌 자동차업계 평균보다 훨씬 높은 수치다. 테슬라의 높은 이익률은 크게 두 가지 요인에서 나온다. 첫째, 수직 계열화된 생산 시스템이다. 테슬라는 배터리, 전기모터, 반도체 설계까지 자체적으로 관여하며 원가를 낮춘다. 둘째, 소프트웨어 기반 수익이다. FSD 소프트웨어는 1인당 8,000달러에 판매되며 차량 하드웨어 비용에 비해 마진이 매우 높다.

순이익도 꾸준히 개선되어 2023년 한 해 동안 테슬라는 약 150억 달러 이상의 순이익을 기록했다. 이는 전기차를 단순히 '팔아서'가 아니라, 팔고 나서도 소프트웨어로 계속 수익을 내는 구조를 만들었기 때문이다.

테슬라의 ROE는 2022년 20% 이상을 기록하며 투자자들을 놀라게 했다. 이 말은, 투자자 입장에서 자기 자본 1억 원을 투입하면 약 2,000만 원 정도의 순이익이 발생한다는 뜻이다. ROE가 20%를 넘는다는 것은 제조업 기준에서 매우 뛰어난 수익성을 의미한다. 이는 단기적인 실적이 아닌, 지속적으로 수익을 창출할 수 있는 구조가 자리 잡혔다는 신호로 해석된다.

회계상 이익은 조정이나 비현금 항목에 영향을 받을 수 있다. 그래서 진짜로 돈을 잘 버는 기업인지를 확인하려면 영업 활동으로 실제 들어오는 현금, 즉 '영업 현금 흐름'을 확인하는 게 좋다. 테슬라는 2022년부터 매 분기 10억~20억 달러 이상의 플러스 영업 현금 흐름을 기록 중이다. 특히 흑자 전환 이후에도 고정비 투자를 지속하면서 현금을 축적하고 있다는 점은 매우 긍정적이다. 기업이 실제로 벌어들이는 돈이 분기마다 늘어나고 있다는 것은 사업 모델이 실제 현금화되고 있다는 증거다.

　예전의 테슬라는 '비전은 크지만 실적이 불확실한 회사'였다. 하지만 지금의 테슬라는 분명히 다르다. 지속적인 매출 증가와 10% 이상의 영업이익률과 높은 순이익률, 20%를 웃도는 ROE, 플러스 영업 현금 흐름, 반복 가능한 소프트웨어 기반 수익 구조 등 이 모든 것을 감안할 때 테슬라는 이제 단순히 미래에 기대는 기업이 아니라, 현재도 안정적인 이익을 창출하는 기업이라 할 수 있다. 물론 업황, 원자재 가격, 경쟁 심화 등의 변수는 존재한다. 그러나 이익 구조가 이미 자리를 잡았다는 것은 분명하다. 그래서 테슬라에 대해 이렇게 말할 수 있다.

　"테슬라는 꿈만 꾸는 회사가 아니라, 꿈을 팔아서 진짜 돈을 버는 회사다."

기업의 재무 상태는 튼튼한가?

주식을 분석할 때 가장 핵심적인 요소 중 하나는 기업의 재무 상태다. 아무리 미래 성장성이 크더라도 현재의 재무 구조가 부실하다면 주가는 급락할 수 있고, 심할 경우 상장 폐지나 파산에 이를 수도 있다. 그렇기 때문에 투자자는 반드시 기업의 재무 상태를 면밀히 들여다보고 그 기업이 안정적으로 운영되고 있는지, 재무적인 위험 요소는 없는지를 파악해야 한다.

　재무 상태를 진단하는 가장 기본적인 자료는 재무제표다. 기업은 보통 분기마다 손익계산서, 재무 상태표, 현금 흐름표를 공시하게 되는데, 이 중에서도 재무 상태표는 기업의 현재 자산, 부채, 자본 구조를 한눈에 파악할 수 있는 문서다. 이 문서를 통해 기업이 얼마나 많은 자산을 보유하고 있는지, 그 자산이 부채로 조달된 것인지, 자본으로 조달된 것인지를 알 수 있다.

가장 먼저 살펴볼 수 있는 항목은 부채 비율이다. 부채 비율은 총 부채를 자기 자본으로 나눈 값으로, 일반적으로 100% 이하이면 재무 구조가 안정적이라고 평가받는다. 그러나 산업마다 적정 부채 비율은 다를 수 있다. 예를 들어 제조업이나 정유업처럼 설비 투자가 많은 산업은 상대적으로 부채 비율이 높아도 수용 가능한 경우가 많다. 반면 IT, 플랫폼 기업처럼 자산 회전율이 높은 기업은 낮은 부채 비율을 유지하는 것이 바람직하다.

다음으로 중요한 지표는 유동 비율이다. 유동 비율은 유동 자산을 유동 부채로 나눈 비율로서 단기적인 지급 능력을 나타낸다. 100% 이상이면 기업이 단기적인 채무를 무리 없이 상환할 수 있는 구조라고 평가된다. 만약 유동 비율이 100% 이하로 지속된다면, 자금 경색이나 운영상 어려움을 겪을 가능성이 높아진다.

그 외에도 현금 흐름표는 기업의 실질적인 돈 흐름을 파악할 수 있는 중요한 자료다. 회계상의 이익은 조작이 가능하지만, 현금 흐름은 조작이 쉽지 않기 때문에 더욱 신뢰도가 높다. 특히 영업 활동 현금 흐름이 플러스인지 여부는 매우 중요한 판단 기준이다. 기업이 꾸준히 제품과 서비스를 팔아 현금을 창출하고 있는지, 아니면 외부 자금에 의존하고 있는지를 파악할 수 있다.

실제로 많은 투자자들은 단기 수익보다는 장기적인 안정성을 우선시한다. 그래서 재무적으로 튼튼한 기업에 프리미엄이 붙는 것이다. 애플, 마이크로소프트, 구글 같은 글로벌 기업들은 막대한 현금 보유량과 낮은 부채 비율로 안정적인 기업 경영을 지속하고 있다. 이처럼 재무 구조가 튼튼한 기업은 경기 변동이나 외부 충격에도 견디는 힘이 강하고, 미래 성장 투자에도 유리한 위치에 선다.

예를 들어 애플의 경우 2024년 기준 부채 비율은 150% 수준이지만, 이는 대규모 자사주 매입과 배당 정책에 따라 조절된 결과일 뿐 실제로는 막대한 현금성 자산을 보유하고 있다. 영업 활동 현금 흐름도 매년 1,000억 달러 이상을 유지하고 있으며 이러한 구조는 위기 상황에서도 애플이 투자와 배당을 지속할 수 있는 기반이 된다.

반면 고성장을 내세우며 무리하게 차입을 일으키는 기업들은 단기적으로는 높은 수익률을 보여줄 수 있지만, 재무 상태가 취약하면 조그마한 악재에도 크게 흔들릴 수 있다. 2020년 이후 미국과 한국에서 주가가 급등했다가 급락한 일부 플랫폼 스타트업이나 2차전지 소재주들이 그 예시다.

결국 '기업의 재무 상태는 튼튼한가?'라는 질문은 단순한 숫자 비교를 넘어서, 기업의 생존 가능성과 지속적인 경쟁력을 판단하는 중요한 기준이 된다. 매출과 이익의 증가만큼이나 재무의 안정성도 중요하다. 투자자는 단기 실적에만 의존하지 말고, 부채 비율, 유동 비율, 이자 보상 배율, 현금 흐름 등 다양한 지표를 종합적으로 살펴야 한다.

결론적으로, 주식 기업 분석에서 재무 상태의 튼튼함은 투자 안정성과 직결되며, 이는 기업의 리스크를 최소화하고 장기 투자에 있어서의 든든한 기반이 되어준다. 재무적으로 안정된 기업은 외부 충격에도 쉽게 무너지지 않고, 지속 가능한 성장을 이어갈 수 있는 가능성이 높다. 그러므로 '기업의 재무 상태는 튼튼한가?'에 대한 철저한 검토는 투자자의 기본 중 기본이라 할 수 있다.

미래 성장 가능성이 있는가?

주식에 투자할 때 투자자들이 가장 중요하게 생각하는 것 중 하나는 바로 그 기업이 '앞으로 얼마나 성장할 수 있는가'다. 지금 당장은 작고 수익이 적더라도, 미래에 시장을 주도할 만큼 성장할 가능성이 있다면 투자 가치가 크다고 판단한다. 그래서 많은 투자자들이 단기적인 실적보다 장기적인 성장성을 보고 기업을 선택한다. 그렇다면 기업의 미래 성장 가능성은 어떻게 판단할 수 있을까?

첫 번째로 살펴봐야 할 것은 시장의 크기와 성장률이다. 기업이 속한 산업이나 시장이 앞으로 얼마나 커질 것인지를 보는 것이다. 예를 들어 전기차, AI, 클라우드, 헬스케어, 반도체 산업 등은 앞으로도 지속적인 수요가 예상되며 성장성이 높은 분야로 평가받는다. 이런 시장에 진출해 있는 기업이라면 자연스럽게 성장 기회를 많이 갖고 있다고 볼 수 있다.

두 번째는 기업의 경쟁력이다. 같은 시장 안에서도 어떤 기업은 빠르게 성장하고, 어떤 기업은 정체되기도 한다. 그 차이는 바로 경쟁력에서 나온다. 기술력, 브랜드, 특허, 인력, 유통망, 원가 경쟁력 등 다양한 요소들이 경쟁력을 만들어낸다. 예를 들어 테슬라는 전기차 시장에서 가장 먼저 대중화를 이끌었고, 자체 배터리 기술과 완성차 소프트웨어 경쟁력을 기반으로 빠르게 시장을 장악하고 있다. 이런 경쟁력은 앞으로도 기업이 성장할 수 있는 중요한 원천이 된다.

세 번째는 경영진의 전략과 비전이다. 기업의 방향을 결정하는 사람은 결국 CEO와 경영진이다. 그들이 어떤 전략을 가지고 있고, 어떻게 실행하고 있는지가 기업의 성장을 좌우한다. 예를 들어 구글(알파벳)은 검색 엔진을 넘어 클라우드, AI, 자율주행 등 다양한 신사업에 지속적으로 투자하며 미래 성장을 준비하고 있다. 이처럼 장기적인 관점에서 미래를 내다보고 투자하는 경영진이 이끄는 기업은 시간이 지날수록 더욱 성장하는 모습을 보인다.

네 번째는 지속적인 투자와 기술 개발이다. 미래 성장 가능성은 현재의 투자에서 비롯된다. 연구 개발(R&D), 신공장 건설, M&A 등은 미래 성장을 위한 밑거름이다. 예를 들어 삼성전자는 반도체 분야에서 지속적으로 수십조 원 규모의 설비 투자를 진행하고 있으며, 이는 앞으로 수요가 늘어날 AI 반도체 시장을 선점하기 위한 전략이다. 기업이 미래에 대비해 얼마나 적극적으로 투자하고 있는지를 보면 성장 의지를 알 수 있다.

다섯 번째는 글로벌 진출 가능성이다. 국내 시장이 포화되어 있는 경우 해외 진출을 통해 성장 기회를 얻을 수 있다. 특히 기술력과 브랜드 인지도가 있는 기업이라면 글로벌 시장에서도 통할 가능성이 크다. 예를 들어 K-뷰티 기업들은 중국, 동남아, 미국 등에서 인기를 얻으며 매출이 크게 성장했다. 이렇게 글로벌 확장이 가능한 기업은 국내 시장의 한계를 넘어서 큰 성장 잠재력을 갖게 된다.

여섯 번째는 신규 사업과 비즈니스 모델의 혁신이다. 기존의 한 가지 사업에만 의존하던 기업이 새로운 수익 모델을 만들어내는 경우, 큰 성장을 이룰 수 있다. 예를 들어 쿠팡은 단순한 쇼핑몰에서 물류, 배달, OTT(쿠팡플레이) 등 다양한 영역으로 사업을 넓히며 성장 중이다. 이처럼 기존 고객 기반을 활용해 새로운 수익 구조를 만드는 기업은 더 큰 미래를 기대할 수 있다.

일곱 번째는 지속 가능한 ESG 전략이다. 요즘은 환경, 사회, 지배 구조도 성장 가능성을 판단하는 중요한 요소가 되었다. 환경을 고려한 경영을 하는 기업, 사회적 책임을 다하는 기업은 장기적으로 브랜드 가치를 높이고 규제 리스크도 줄일 수 있다.

ESG를 잘 실천하는 기업은 글로벌 투자자들의 선호도가 높아지고, 이는 곧 자금 유입과 주가 상승으로 이어질 수 있다.

이런 다양한 요소들을 종합적으로 살펴보면 그 기업이 앞으로 얼마나 성장할 수 있는지에 대한 큰 그림을 그릴 수 있다. 하지만 주의해야 할 점도 있다. 미래 성장성을 과도하게 기대해 투자하는 것은 위험할 수 있다. 아직 이익이 나지 않거나 기술이 상용화되지 않은 기업에 투자할 경우 리스크도 그만큼 크기 때문이다. 성장성은 가능성이지만 실현 여부는 불확실하기 때문이다.

투자자는 성장성과 더불어 현실적인 재무 상태, 시장 환경, 실행 능력도 함께 살펴야 한다. 성장성을 높이 평가하되, 그 가능성이 실제로 실행될 수 있는 기반이 마련되어 있는지를 따져봐야 한다. 과거 실적만 보고 미래를 예측해서는 안 되고, 현재의 전략과 투자가 미래를 얼마나 준비하고 있는지를 봐야 한다.

기업의 미래 성장 가능성은 단순히 꿈이나 아이디어에 그치는 것이 아니라 시장, 경쟁력, 투자, 경영 전략 등 다양한 현실적인 요소들이 조화를 이뤄야만 실현될 수 있다. 그런 요소들이 잘 갖춰진 기업은 시간이 지날수록 규모가 커지고, 수익이 증가하며, 주가도 함께 상승할 가능성이 크다. 결국 투자에서 가장 큰 수익은 이런 미래를 준비하는 기업에 장기적으로 투자했을 때 얻을 수 있는 것이다.

테슬라는 미래 성장 가능성이 있는가?

테슬라는 단순한 자동차 회사를 넘어선, 기술 기반의 에너지 및 모빌리티 플랫폼 기업으로 진화하며 미래 성장 기업으로 주목받고 있다. 다양한 산업적 흐름과 기술적 강점을 바탕으로 테슬라는 장기적인 투자 가치를 만들어가고 있다.

전 세계적으로 친환경 정책 강화, 탄소 배출 규제 확대, 내연기관 차량 판매 금지 등이 본격화되면서 전기차 시장은 가파르게 성장 중이다. 2024년 기준 전체 자동차 시장에서 전기차가 차지하는 비중은 약 15%에 불과하지만, 이는 향후 30%, 50% 이상으로 확대될 것으로 전망된다. 이처럼 산업 자체가 급속히 커지고 있는 가운데, 테슬라는 전기차 분야의 초기 선점 효과를 바탕으로 시장을 주도하고 있다.

테슬라는 전기차 산업 내에서 확고한 기술적 우위를 갖고 있다. 4680 배터리 기술, FSD, 차량용 반도체 자체 설계 등은 모두 테슬라가 자체적으로 개발하며 차별화를 만들어낸 핵심 자산이다. 특히 배터리 생산을 자체화함으로써 향후 원가 절감 효과는 물론 수익성 개선에도 긍정적인 영향을 줄 것으로 기대된다. 여기에 전 세계의 기가팩토리를 통해 생산 효율성을 극대화하며 규모의 경제를 실현하고 있다.

사업 영역을 자동차에만 국한하지 않고 확장하고 있는 점도 주목할 만하다. 앞서 언급했듯이 테슬라는 에너지 사업(솔라 루프, 파워월), 자율주행 소프트웨어, 우주항공, 로보틱스, AI 인프라(도조 슈퍼컴퓨터) 등 다양한 영역으로 비즈니스를 넓히고 있다. 특히 차량 내 소프트웨어와 자율주행 기술은 향후 구독 기반의 반복 수익 모델로 자리 잡으며, 안정적인 현금 흐름을 창출할 가능성이 크다.

전 세계적인 확장 전략도 테슬라의 성장성에 큰 힘이 되고 있다. 미국 외에도 중국, 유럽, 중동, 동남아시아 등에서 빠르게 영향력을 넓히고 있으며, 특히 상하이에 위치한 기가팩토리는 테슬라 글로벌 생산의 핵심 축으로 자리하고 있다. 여기에 멕시코, 인도 등 새로운 생산 기지를 준비하며 지역별 수요에 맞춘 대응과 물류 최적화를 도모하고 있다.

테슬라의 미래 성장 스토리에서 빠질 수 없는 핵심은 CEO 일론 머스크다. 그는 단순히 회사를 운영하는 경영자이기보다, 미래 산업에 대한 강력한 철학과 실행력을 지닌 비전 리더다. 에너지 전환과 인류의 지속 가능한 미래라는 큰 틀에서 테슬라의 방향성을 정립하고 있으며, 단기 이익에 급급하기보다는 기술 개발과 장기적인 인프라 구축에 집중해왔다. 이러한 철학과 전략은 테슬라가 단순한 자동차 기업이 아니라 복합 기술 플랫폼 기업으로 성장하는 배경이 된다.

물론 우려도 존재한다. 전기차 시장의 경쟁이 심화되면서

BYD, 현대차, 폭스바겐, GM 등 전통 자동차 제조사들도 공격적으로 전기차 시장에 진입하고 있다. 이에 따라 가격 경쟁이 심화되면 테슬라의 수익성은 일시적으로 위협받을 수 있다. 또한 FSD의 상용화가 규제나 기술적 한계로 지연될 경우 기대감이 조정될 가능성도 있다. 따라서 테슬라의 미래 성장은 단순한 '기대'에 그치는 것이 아니라, 실제 기술과 전략이 얼마나 실현되는지에 달려 있다.

종합적으로 볼 때, 테슬라는 단순히 전기차 제조에 머무르지 않고 자율주행, AI, 에너지, 로보틱스, 우주항공 등 미래 산업의 핵심 기술을 연결하는 기업으로서의 입지를 넓혀가고 있다. 세계가 친환경 모빌리티와 기술 융합 산업으로 나아가는 지금, 테슬라는 그 중심에서 독보적인 존재감을 발휘하고 있다. 변동성과 리스크도 분명 존재하지만, 장기적인 관점에서 본다면 테슬라는 성장에 대한 뚜렷한 비전과 실행력을 갖춘 대표적인 미래 성장주로서 투자 가치를 지닌다.

믿을 수 있는 경영진인가?

주식 투자의 세계에서 기업의 수익성, 산업 성장성, 기술력만큼이나 중요한 요소는 바로 경영진의 신뢰도다. 기업을 실제로 이끌고 있는 사람이 누구인지, 어떤 철학과 태도로 기업을 운영하는지가 그 기업의 미래를 좌우할 수 있기 때문이다. 아무리 좋은 기술과 제품을 가진 기업이라도 경영진이 무능하거나 비도덕적인 행보를 보이면 결국 기업 가치는 무너질 수 있다. 따라서 '믿을 수 있는 경영진인가?'라는 질문은 단순한 도덕성 검증을 넘어 투자의 핵심 기준이 된다.

경영진을 평가할 때 가장 먼저 살펴볼 수 있는 것은 그들이 지금까지 어떤 길을 걸어왔는지다. CEO나 주요 임원의 경력을 보면 이들이 어떤 기업을 어떻게 운영해왔고, 위기에서 어떤 선택을 했는지 짐작할 수 있다. 과거에 성공적인 회사를 만들어본 경험이 있는 인물은 자연히 신뢰도가 높아진다. 반대로 부정 회계, 잦은 CEO 교체, 경영 실패 등과 관련된 이력이 있다면 투자자 입장에서 의심의 여지가 생길 수밖에 없다.

투명한 소통과 정보 공개 역시 신뢰도를 판단하는 중요한 기준이다. 믿을 수 있는 경영진은 실적이 좋을 때만이 아니라 어려운 시기에도 정직하게 상황을 설명하고, 리스크에 대한 대응 전략을 제시한다. 기업의 분기 실적 발표나 주주총회, IR 자료에서 이러한 태도가 드러난다. 기업이 겪는 문제를 솔직하게 공유하고 이를 어떻게 해결할 것인지 이야기하는 경영진은 주주의 신뢰를 얻는다. 반면 수치와 사실을 숨기거나 불명확한 발언을 반복하는 경영진은 투자자들에게 불안감을 준다.

경영진과 일반 주주 간의 이해관계가 얼마나 일치하는지도 중요한 포인트다. 이를 확인하는 방법 중 하나는 경영진이 자사주를 얼마나 보유하고 있는지를 보는 것이다. 경영진이 직접 주식을 많이 가지고 있다면, 기업의 성공이 곧 자신의 이익으로 연결되기 때문에 더 신중하고 책임감 있는 결정을 내릴 가능성이 높다. 과도한 보수나 주주 가치 훼손을 초래하는 스톡옵션 남용 등이 없는지도 점검해야 한다. 경영진이 단기 이익만 추구하지 않고, 장기적인 가치를 함께 만들어가려는 태도를 보이는지가 중요하다.

위기 상황에서의 대응력 또한 경영진 신뢰도를 보여주는 핵심 요소다. 기업은 성장하는 과정에서 여러 가지 외부 충격을 맞는다. 글로벌 경기 둔화, 팬데믹, 공급망 차질, 기술 변화 등은 기업을 어렵게 만들 수 있다. 이럴 때 경영진이 빠르게 전략을 수정하고 현실적인 대응 방안을 마련해 기업을 지켜낼 수 있느냐가 관건이다. 단기적으로 손해가 나더라도 이를 장기적인 성장 기회로 바꾸는 유연한 리더십은 기업의 경쟁력을 유지시키는 핵심이다.

경영 비전과 실행력도 매우 중요하다. 단순히 기업을 유지하는 수준이 아니라, 새로운 시장을 개척하고 사업을 확장하며 미래를 준비하는 경영진은 장기적인 관점에서 매우 매력적이다. 기업의 로드맵이 명확하고, 단계별 전략이 구체적으로 실현되어 가는 모습을 보면, 경영진이 단순한 이상이 아니라 실제 성장을 이끌 수 있는 능력을 가졌는지를 알 수 있다. 이런 리더십은 결국 기업의 경쟁력으로 이어진다.

이러한 특성은 실제 성공한 기업들의 경영진을 보면 잘 드러난다. 예를 들어 애플의 팀 쿡(Tim Cook)은 조직의 안정성과 효율성을 높이고 공급망 혁신을 통해 지속적인 성장을 이끌었다. 그는 대중적인 카리스마는 없지만 묵직한 실행력으로 시장의 신뢰를 얻었다. 엔비디아의 젠슨 황(Jensen Huang) 역시 AI와 GPU 기술을 중심으로 미래 산업을 선도하면서 사업의 방향성과 기술 투자 타이밍에서 압도적인 능력을 보여줬다. 이들의 공통점은 단기 수익보다 미래 산업의 흐름을 먼저 읽고 준비해왔다는 점이다.

반대로 일부 기업에서는 경영진의 비도덕적 행동이나 주주 가치를 무시하는 결정으로 인해 주가가 급락하거나 기업이 신뢰를 잃는 경우도 많았다. 회계 조작, 내부자 거래, 불투명한 지배 구조, 이해 상충 행위 등은 그 어떤 호재보다도 투자자들에게 경계 신호로 작용한다. 이런 문제는 한 번 발생하면 회복까지 많은 시간과 신뢰 비용이 들기 때문에 사전 확인이 매우 중요하다.

결국 '믿을 수 있는 경영진인가'에 대한 질문은 기업의 장기 생존력, 주가의 안정성, 투자자의 수익률과 모두 연결되어 있다. 재무제표가 좋아 보이더라도 그 숫자를 만든 사람이 책임감과 철학이 없는 인물이라면 기업은 언제든 위태로워질 수 있다. 반면 시장의 변화에 유연하게 대응하고, 주주와의 신뢰를 지키며, 장기 비전을 향해 흔들림 없이 나아가는 경영진이 있는 기업은 시간이 지날수록 그 가치가 더욱 빛을 발하게 된다.

기업 분석을 위해
꼭 알아야 할 3가지 지표

기업 가치를 파악할 때 쓰이는 3가지 지표가 있다. 바로 PER(주가 수익 비율), PBR(주가 순자산 비율), ROE(자기 자본 이익률)다. 기업 분석을 하기 위해서는 필수적으로 알아야 되는 지표이니 체화하길 바란다.

PER은 현재 주가가 기업의 순이익 대비 어느 정도 배수로 매겨져 있는지를 보여주며, 주가÷주당 순이익(EPS, 기업이 벌어들인 순이익을 주식 수로 나눈 값으로 주당 얼마의 이익을 냈는지를 보여주는 지표)으로 계산한다. PER이 낮으면 '이익 대비 주가가 낮게 평가'된 것으로 보고, 높으면 '미래 성장 기대감이 반영'되었을 가능성이 높다. 하지만 너무 낮은 PER은 실적 악화 우려를 동반할 수 있다.

PBR은 기업이 가진 순자산(자본)을 기준으로 주가가 얼마만큼의 배수로 평가되는지 보여주며, 주가÷주당 순자산(BPS, 기업의 순자산을 주식 수로 나눈 값으로 주당 보유한 순자산의 가치)으로 계산한다. PBR이 1배 미만이면 장부 가치보다 낮게 평가된 것으로 보며 저평가 가능성을 의미할 수 있다. 다만 자산의 질이나 감가상각, 회계 정책 등을 따져야 한다.

ROE는 기업이 자본을 얼마나 효율적으로 운용해 이익을 냈는지를 나타내며, 순이익÷자기 자본×100으로 계산한다. ROE가 높다는 것은 적은 자본으로 더 많은 이익을 낸다는 뜻이며 이는 투자자에게 매력으로 작용한다. 다만 일시 수익이나 부채 비율 조정으로 과장될 여지도 있다.

종합적으로 보자면 좋은 기업은 ROE가 높고 PER과 PBR이 동일 업종 평균 대비 낮거나 적정 수준이다. 이런 기업이 투자 매력이 크다고 볼 수 있다. 물론 업종 특성, 성장 전망, 재무 안정성, 회계 정책 등도 반드시 함께 봐야 한다. 다음 글에서 더 자세히 알아보자.

1) PER이란 무엇인가

주식 투자에서 가장 기본이자 동시에 가장 강력한 판단 기준 중 하나가 바로 PER이다. 많은 투자자들이 복잡한 차트와 뉴스 속에서 길을 잃곤 하지만, 사실 PER의 의미만 제대로 이해해도 최소한 이 주식이 지금 비싼가, 싼가는 판단할 수 있다.

PER은 간단히 말하자면, 기업이 벌어들이는 이익에 비례해 그 기업의 현재 주가가 얼마나 평가받고 있는가를 나타내는 지표다. 주식 한 주의 가격을 그 회사가 1년 동안 벌어들이는 1주당 이익으로 나눈 값이다. 예를 들어 한 회사의 주가가 1만 원이고, 그 회사의 EPS가 500원이라면 PER은 20이 된다. 이 수치는 이 회사를 사는 데 20년치 이익을 한 번에 주는 셈이라는 의미를 지닌다.

PER이 낮다는 것은 이익에 비해 주가가 저평가되어 있다는 뜻이다. 즉 같은 돈으로 더 많은 이익을 사는 것이므로 싸게 사는 셈이다. 반면 PER이 높다면 그 회사의 주가는 이익에 비해 비싸게 거래되고 있다는 의미다. 그러나 단순히 낮으면 싸고, 높으면 비싸다고 단정 지을 수는 없다. PER이 높다는 이유만으로 비싸다고 판단하는 것은 때로 위험하다. 성장성이 큰 기업의 경우 시장은 미래의 이익 증가를 미리 반영해 높은 PER을 허용한다. 그래서 높은 PER 종목이 반드시 고평가된 것이라 볼 수는 없으며, 오히려 성장 프리미엄을 받고 있을 수도 있다.

PER은 결국 몇 년치 이익을 주고 회사를 사는가를 알려주는 단순하지만 핵심적인 잣대다. 예를 들어 PER이 10배라면 그 회사의 연간 이익이 지금 수준으로 유지될 경우 10년 후면 투자 원금을 회수할 수 있다는 뜻이다. 이처럼 PER은 투자자가 현재 이익 대비 주가가 얼마나 합리적인가를 판단하는 기본적인 기준이 된다.

하지만 PER이 낮다고 무조건 좋은 기업이라 단정할 수는 없다. 회사의 성장성, 부채 구조, 산업의 전망 그리고 시장의 기대감 등 다양한 요소를 함께 고려해야 한다. 특히 기업이 성장 정체기에 있거나 산업 자체가 쇠퇴 국면에 들어선 경우에는 낮은 PER이 단순한 저평가가 아니라 위험 신호일 수도 있다. 주가가 떨어져 PER이 낮아 보이지만 실제로는 이익이 감소하거나 회사가 쇠락하는 중일 수도 있기 때문이다. 이 점을 간과하면 가치주 함정(value trap)에 빠질 수 있다.

PER은 기업 하나만 보았을 때보다 같은 산업 내 여러 기업을 비교할 때 더 빛을 발한다. 예를 들어 자동차 산업의 평균 PER이 10배인데 특정 기업의 PER이 7배라면 겉보기에는 저평가되어 있는 것처럼 보인다. 그러나 단순히 숫자만 보고 판단할 수는 없다. PER이 낮은 이유가 기술 경쟁력 부족, 매출 정체, 또는 부채 문제 때문일 수도 있기 때문이다. 따라서 PER 비교는 반드시 동일 산업 내 유사한 조건을 가진 기업들 사이에서 상대적으로 이뤄져야 한다.

IT나 바이오 같은 성장 산업은 보통 PER이 20~30배, 때로는 그 이상으로 형성되기도 한다. 이유는 단순하다. 현재 이익은 적거나 미미하지만, 미래의 성장 가능성에 대한 시장의 기대가 크기 때문이다. 즉 시장은 어떤 기업이 앞으로 훨씬 더 많은 돈을 벌 것이라 믿기 때문에 현재 이익 대비 높은 가격을 기꺼이 지불

한다. 이를 성장 프리미엄이라고 부른다.

은행이나 제조업처럼 안정적인 산업은 보통 PER이 10~15배 수준에서 형성된다. 이익이 꾸준하지만 급격히 성장할 여지가 적기 때문이다. 이처럼 산업마다 그리고 성장 단계마다 PER의 해석은 달라져야 한다. PER의 절대 수치보다는 산업 평균 대비 상대적 위치가 더 중요한 판단 기준이다.

PER이 높다고 무조건 거품이라거나 낮다고 무조건 기회라고 착각하면 안 된다. 예를 들어 한 회사의 주가가 급락하면서 PER이 5배까지 떨어졌다고 하자. 언뜻 보면 싸 보이지만 그 이유가 이익 급감 직전의 일시적 착시라면 오히려 함정이다. 실적이 줄어들면 내년 EPS는 더 낮아지고 결과적으로 PER은 다시 급등할 수 있다. 즉 PER은 단기적 숫자가 아니라 기업의 질적 변화를 읽는 도구로 활용해야 한다.

PER의 움직임은 시장 사이클을 이해하는 데에도 중요한 역할을 한다. 그 대표적인 사례가 바로 삼성전자다. 2019년 말~2020년 초 메모리 시황 회복 기대감이 생길 무렵 PER이 낮은 상태의 삼성전자에 진입한 투자자들은 이후 주가 상승을 누렸다.

삼성전자의 PER은 지난 수년간 반도체 업황에 따라 큰 폭으로 변동해왔다. 반도체 시장이 호황일 때는 메모리 가격이 상승하고 전 세계적으로 수요가 폭발하면서 삼성전자의 이익도 급격히 늘었다. 이 시기에는 시장의 기대감이 높아져 주가가 상승하

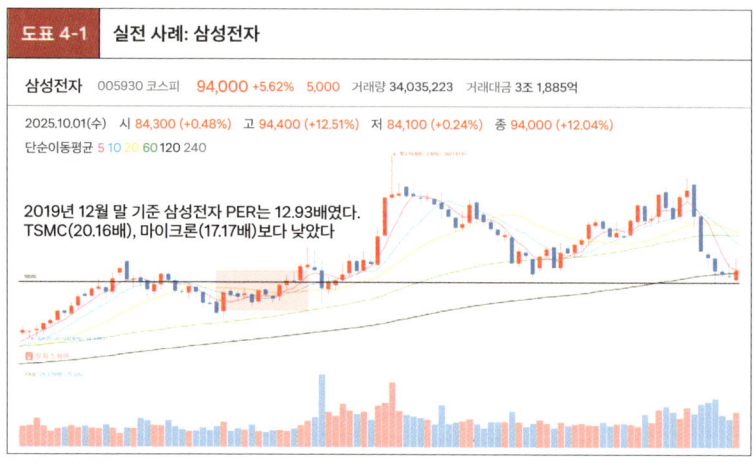

출처: 알파스퀘어

고 그 결과 PER 역시 함께 높아졌다. 투자자들은 미래의 더 큰 이익을 기대하며 현재 주가에 프리미엄을 얹은 것이다.

그러나 반대로, 반도체 업황이 악화되면 상황은 정반대가 된다. 메모리 가격이 하락하고, 재고가 쌓이며 수요가 둔화되면 이익이 급감한다. 이때는 시장의 기대감이 사라지고 주가가 하락하며 PER이 낮아진다. 일시적으로 PER이 낮아지지만 이는 단순한 저평가가 아니라 업황 전체가 침체기에 접어들었다는 신호일 수 있다.

흥미로운 점은 PER이 바닥을 찍을 때가 곧 시장의 바닥일 가능성이 높다는 것이다. 반도체 사이클이 바닥에 다다르고 메모리 가격이 충분히 낮아진 시점에서 수요 회복의 조짐이 보이기 시작하면 시장은 다시 PER을 통해 기대를 반영한다. 즉 이익이 아직 회복되지 않았더라도 미래 회복에 대한 기대가 주가에 반영되면서 PER이 오르고 그와 함께 주가도 상승세로 전환된다.

이런 과정을 반복하며 삼성전자의 PER은 업황의 사이클을 비추는 거울처럼 움직인다. 호황기에는 PER이 높아지고 불황기에는 PER이 낮아진다. 그러나 장기적으로 보면 PER의 변동은 결국 시장의 기대 심리와 실적 현실이 교차하는 지점이다.

2) PBR이란 무엇인가

주식 시장에서 숫자는 언제나 이야기를 한다. 그중에서도 PBR은 기업의 현재 가치를 가장 냉정하게 드러내는 지표다. PER이 이익을 기준으로 기업의 가치를 평가한다면 PBR은 자산, 즉 기업이 실제로 보유하고 있는 순자산 가치에 비해 주가가 얼마나 비싸거나 싼가를 보여주는 잣대다.

예를 들어 한 미국 주식의 주가가 150달러이고, BPS가 100달러라면 PBR은 1.5배가 된다. 이는 곧 시장이 이 기업의 장부상 자산 가치보다 1.5배 비싸게 평가하고 있다는 뜻이다. 반대로 PBR이 1보다 작다면 주가가 순자산 가치보다 낮게 거래되고 있다는 의미다. 즉 기업의 장부가치보다 싸게 살 수 있는 상태, 다시 말해 저평가된 기업이라는 신호일 수 있다. 그래서 일반적으로 미국 시장에서는 PBR이 1 미만이면 저평가, 1을 넘으면 프리미엄이 붙은 상태로 해석된다.

PBR은 PER과 함께 주식 투자의 쌍두마차 지표라 불린다. PER이 이익의 효율성을 보여준다면 PBR은 자산의 안전성을 보여준다. 그래서 투자자는 두 지표를 함께 바라볼 때 비로소 기업의 가치와 안정성의 균형을 파악할 수 있다.

PBR이란 결국 기업의 순자산(자산-부채)에 대한 시장의 평가 비율이다. 회사가 지금 당장 문을 닫고 자산을 모두 처분했을 때 남는 순자산을 기준으로 시장이 그 회사를 얼마에 사고팔고 있는지를 알려주는 것이다.

이 지표의 핵심은 현재 가치다. PER이 미래의 이익을 반영하는 기대의 지표라면, PBR은 지금 이 순간의 실질적 가치에 대한 냉정한 현실 평가다. 그렇기에 PBR은 투자 심리가 과열되었는가, 또는 지나치게 위축되었는가를 판단하는 데 유용하다.

하지만 PBR이 낮다고 해서 무조건 좋은 투자 기회라고 말할 수는 없다. 기업이 망해가고 있어 주가가 폭락한 경우에도 PBR은 낮게 나온다. 싸 보이지만 싸서 위험한 기업일 수도 있다. 따라서 PBR이 낮은 이유를 반드시 분석해야 한다. 재무 구조가 튼튼한데도 PBR이 낮은 기업이라면 기회의 땅이지만, 이익이 줄고 부채가 늘어 위기 상황에 몰린 기업이라면 오히려 경고 신호다.

PBR은 모든 산업에 동일하게 적용되지 않는다. 산업의 성격에 따라 적정 PBR 수준은 천차만별이다. 예를 들어 은행, 보험 같은 금융업종은 자산과 부채가 뚜렷한 산업이다. 대부분의 자산이 장부에 실질적으로 반영되어 있기 때문에 PBR이 이들의 가치를 판단하는 중요한 기준이 된다. 은행의 평균 PBR이 1.2배일 경우 특정 은행이 0.7배에 거래되고 있다면 이는 시장이 그 은행을 장부 가치 대비 싸게 평가하고 있다는 의미이며 잠재적으로 저평가된 투자 기회로 해석될 수 있다.

반면 테크 기업이나 바이오 기업은 이야기가 다르다. 이들은 공장이나 설비 같은 유형 자산보다 특허, 데이터, 브랜드, 기술력 같은 무형 자산의 가치가 훨씬 크기 때문이다. 이 무형 자산은 장부에 온전히 반영되지 않기에 PBR이 10배 이상이라도 그 자체로 비싸다고 판단할 수 없다. 애플이나 마이크로소프트처럼 막대한 현금 흐름과 혁신적 생태계를 가진 기업은 PBR이 높아도 시장은 그만큼의 '프리미엄'을 정당화한다. PBR은 산업별로 상대적 해석이 필요하다는 얘기다. 은행의 PBR 0.8은 저평가일 수 있지만, 테크 기업의 PBR 0.8은 오히려 시장의 성장 신뢰 상실을 의미할 수 있다.

세계적인 투자자 워런 버핏은 PBR을 기업의 본질을 들여다보는 창문으로 활용했다. 그는 단순히 싸게 사는 것이 아니라 가치보다 싸게 거래되고 있는 좋은 기업을 찾는 데 집중했다.

그 대표적 사례가 바로 일본 종합상사 투자다. 버핏이 이끄는 버크셔 해서웨이는 2020년 코로나 팬데믹으로 전 세계 시장이 불안정할 때 일본의 대표 종합상사 다섯 곳인 미쓰이물산, 마루

도표 4-2	워런 버핏의 투자 사례 1	
기업명	버크셔 지분율(2022)	PBR(2022)
미쓰이물산	5.28%	0.98
마루베니	5.07%	0.85
미쓰비시상사	5.03%	0.81
스미토모상사	5.03%	0.70
이토추상사	5.01%	1.22

출처: WhaleWisdom, 네이버페이 증권

베니, 이토추상사, 미쓰비시상사, 스미토모상사에 투자했다. 당시 이들 기업의 PBR은 대부분 1 이하, 즉 장부 가치보다 낮게 거래되고 있었다. 하지만 그 속을 자세히 들여다보면 이들은 단순한 싸구려 주식이 아니었다.

첫째, 견고한 자산 가치와 안정적 현금 흐름을 갖춘 기업이었다. 이들은 원자재, 식품, 에너지 등 전 세계 공급망을 기반으로 다양한 사업 포트폴리오를 운영하고 있었고 경기 변동에 따른 위험이 분산되어 있었다. 둘째 지속적인 배당과 자사주 매입 정책을 통해 주주 환원에 적극적이었다. 이는 버핏의 철학인 '배당을 통해 현금 흐름을 확보하고 그 자금으로 다시 재투자한다'와 완벽하게 맞아떨어졌다.

결과는 놀라웠다. 그가 투자한 2020년부터 2022년까지 미쓰이물산과 마루베니는 2년 만에 100% 이상의 수익률을 기록했

도표 4-3 워런 버핏의 투자 사례 2

기업명	20년 8월 평균 주가(엔)	22년 11월 평균 주가(엔)
미쓰이물산	1,900	3,800
마루베니	630	1,500
미쓰비시상사	2,500	4,400
스미토모상사	1,350	2,150
이토추상사	2,700	4,200

기업명	버크셔 지분율(2025)	PBR(25년 10월 기준)
미쓰이물산	9.82%	1.41
마루베니	9.30%	1.66
미쓰비시상사	10.23%	1.54
스미토모상사	9.29%	1.13
이토추상사	8.53%	2.14

출처: WhaleWisdom, 네이버페이 증권

고, 나머지 종목들 역시 시장 평균을 크게 상회하는 성과를 올렸다. 버핏이 찾은 것은 단순히 저PBR 종목이 아니라 가치가 저평가된 건실한 기업이었다.

그는 "저평가된 기업이란 시장이 그들의 가치를 잠시 잊고 있는 기업"이라고 말했다. PBR이 낮은 기업 중에서 재무 구조가 튼튼하고 꾸준한 배당을 지급하며, 현금 흐름이 안정적인 회사를 찾는 것이 버핏의 방식이었다. 즉 PBR은 매매의 기준이 아니라 관찰의 출발점이었다. 그는 PBR이 낮은 이유를 파고들며 그 숫자 뒤에 숨은 기업의 본질을 분석했다. 이러한 철저한 분석이

워런 버핏 식 가치 투자의 핵심이었고, 그 결과 그는 세월이 흘러도 변하지 않는 가치 투자의 현인으로 남았다.

3) ROE는 무엇인가

주식 투자를 할 때 많은 사람이 주가의 등락에만 집중한다. 그러나 진짜 투자자는 주가가 아니라 기업이 돈을 얼마나 잘 굴리는가를 본다. 이때 가장 중요한 지표가 ROE다. ROE는 말 그대로 주주가 투자한 돈을 기업이 얼마나 효율적으로 굴려서 이익을 냈는가를 보여주는 지표다.

예를 들어 한 기업의 당기 순이익이 10억 원이고 자기 자본이 100억 원이라면 ROE는 10%다. 주주가 투자한 100원당 10원의 이익을 냈다는 뜻이다. 이 숫자가 높을수록 기업은 주주가 맡긴 돈을 효율적으로 굴려 더 많은 이익을 창출하고 있다는 의미다. 반대로 ROE가 낮다는 것은 수익성이 떨어지거나 자본을 제대로 활용하지 못하고 있음을 뜻한다.

워런 버핏은 ROE를 특히 중요하게 여겼다. 그는 3년 이상 ROE가 15% 이상을 유지하는 기업을 선호했다. 왜냐하면 꾸준히 높은 ROE를 유지하는 기업은 경쟁력, 브랜드 파워, 경영 효율성, 그리고 시장 지배력을 모두 갖춘 경우가 많기 때문이다. ROE는 단순한 숫자가 아니라 기업의 체질과 경영자의 능력을 동시에 비추는 거울이다.

ROE가 높은 기업은 단순히 '돈을 잘 버는 회사'가 아니다. 그들은 적은 자본으로도 큰 이익을 창출할 수 있는 구조적 강점을 가지고 있다. 즉 자본 대비 수익 창출력이 뛰어난 기업이다. 특징들은 다음과 같다.

첫째, 자본 회전율이 높다. 자산을 빠르게 돌려 매출과 이익을 만들어내는 능력이 뛰어나다. 단위 자본으로 더 많은 상품을 생산하고, 더 많은 매출을 창출한다는 뜻이다.

둘째, 재무 건전성이 우수하다. ROE가 높다고 해서 무조건 부채를 많이 썼다는 뜻은 아니다. 진정한 고ROE 기업은 부채를 효율적으로 활용하면서도 안정적인 현금 흐름을 유지한다. 이는 위기 상황에서도 흔들리지 않는 기업 체력을 의미한다.

셋째, 경쟁 우위가 뚜렷하다. 높은 ROE를 지속적으로 유지하는 기업은 대체로 독점적 시장 지위, 브랜드 파워, 특허나 기술력 같은 무형 자산을 보유하고 있다. 이런 기업은 단순히 운이 좋은 것이 아니라, 시장에서 가격 결정권(Pricing Power)을 쥐고 있다. 즉 원가가 오르더라도 가격을 조정해 이익률을 지킬 수 있는 힘이 있다.

넷째, 경영진의 자본 효율성 의식이 높다. 고ROE 기업의 경영자는 자본을 쌓아두지 않는다. 유휴 현금을 놀리지 않고 배당, 자사주 매입, 신규 투자 등으로 순환시켜 주주 가치를 높인다. 결국 ROE는 경영자의 철학이 수치로 드러난 결과다.

ROE의 힘을 실제로 보여주는 대표적인 사례가 삼양식품이다. 삼양식품은 대한민국 최초로 인스턴트 라면을 만든 회사다. 과거 오랫동안 국내 라면 2~3위 기업 정도로 인식되던 이 기업은 불닭볶음면이라는 하나의 히트 상품으로 완전히 새로운 시대를 열었다.

불닭볶음면은 단순히 매운 라면이 아니었다. 그것은 K-푸드의 상징이자 한국 라면의 세계화의 주역이었다. 전 세계 약 100여 개국에 수출되며 누적 판매량 40억 개를 돌파했고 불닭은 이제 글로벌 브랜드로 자리 잡았다.

2024년 삼양식품의 해외 매출은 전년 대비 65% 급증했다. 전체 매출의 중심이 국내에서 해외로 옮겨갔으며 이제 삼양식품은 글로벌 소비자에게 사랑받는 K-브랜드로 진화했다. 이 성장은 단순히 매출의 확장이 아니다. 이익의 질적 성장인 ROE의 상승으로 이어졌다. 삼양식품은 해마다 ROE가 꾸준히 증가하는 모습을 보여주었다. 이는 당기 순이익이 지속적으로 늘고 있음을 의미하며 회사가 보유한 자본을 효율적으로 운용하고 있음을 증명한다.

2025년 2분기 실적 발표 이후 시장이 깜짝 놀랐다. 예상치를 크게 웃도는 영업이익과 EPS 서프라이즈가 나왔고 이에 따라 주가는 급등했다. 이 모든 흐름의 중심에는 ROE의 상승이 있었다. ROE는 단순한 숫자가 아니라 기업이 진짜로 성장하고 있는가

도표 4-4 기업 분석: 삼양식품

주요재무정보	최근 연간 실적				최근 분기 실적					
	2022.12	2023.12	2024.12	2025.12(E)	2024.06	2024.09	2024.12	2025.03	2025.06	2025.09(E)
	IFRS 연결	IFRS 연결	IFRS 연결	IFRS 연결	IFRS 연결	IFRS 연결	IFRS 연결	IFRS 연결	IFRS 연결	IFRS 연결
매출액(억원)	9,090	11,929	17,280	23,418	4,244	4,390	4,789	5,290	5,531	5,975
영업이익(억원)	904	1,475	3,446	5,382	895	873	877	1,340	1,201	1,332
당기순이익(억원)	803	1,266	2,713	4,085	703	587	757	990	841	1,032
영업이익률(%)	9.94	12.37	19.94	22.98	21.08	19.89	18.31	25.33	21.71	22.30
순이익률(%)	8.83	10.61	15.70	17.44	16.57	13.38	15.81	18.71	15.20	17.27
ROE(%)	18.92	24.81	39.37	40.80	34.32	35.52	39.37	39.90	37.84	
부채비율(%)	103.39	102.90	92.60		100.77	101.00	92.60	84.19	94.16	
당좌비율(%)	95.67	87.04	107.36		120.90	117.32	107.36	108.77	86.92	
유보율(%)	1,116.85	1,416.84	2,074.49		1,759.10	1,886.07	2,074.49	2,272.38	2,525.85	
EPS(원)	10,593	16,761	36,106	54,297	9,364	7,814	10,098	13,160	11,222	13,887

출처: 네이버페이 증권

를 알려주는 지표다.

워런 버핏은 단순히 싸게 사는 것이 아니라 오래도록 좋은 기업을 합리적인 가격에 사는 것을 원칙으로 삼았다. 이때 그가 활용하는 핵심 3대 지표가 바로 PER, PBR, ROE다.

- PER: 이익 대비 주가가 싼지, 비싼지 판단. ROE가 높고 PER이 낮다면 효율적으로 돈을 벌지만 시장은 아직 저평가한 기업일 가능성이 높다.

- PBR: 자산 대비 주가의 평가. PBR이 낮고 ROE가 높다면 자산을 효율적으로 돌리는, 시장이 제대로 반영하지 못한

숨은 가치주다.
- ROE: 기업의 돈 굴리는 능력. 3년 이상 ROE 15% 이상이면 안정적 고수익 기업으로 평가.

워런 버핏은 이 3가지 지표를 조합해 기업의 본질 가치를 평가했다. 그는 3년 연속 ROE가 15% 이상, PER이 낮고, PBR이 1 미만인 기업을 투자 기준으로 삼았다. 단기 이익이 아니라 지속 가능한 수익에 집중한 것이다. 장기 투자는 시장에 흔들리지 않고 기업에 집중해야 한다. 초석이 될 수 있는 PER, PBR, ROE를 꼭 숙지해서 단단한 투자자가 될 수 있도록 하자.

풀스포의 실전 투자 수업 ❸
테슬라와 팔란티어, 투자해도 괜찮을까?

지금까지 얘기한 내용을 바탕으로 테슬라와 팔란티어에 대해 기업 분석을 해보고 실제 필자의 매매 과정을 덧붙이고자 한다.

① 매수하려는 기업은 어떤 기업인가?
② 당신의 기업은 돈을 잘 버는가?
③ 기업의 재무 상태는 튼튼한가?
④ 믿을 수 있는 경영진인가?
⑤ 미래 성장 가능성이 있는가?

① 먼저 테슬라는 전기차와 에너지 솔루션을 중심으로 한 글로벌 혁신 기업이다. 2003년 설립 이후 모델 S, 3, X, Y를 비롯해

최근에는 사이버트럭과 세미트럭, 그리고 로보택시와 휴머노이드 로봇 옵티머스까지 영역을 확장하며 끊임없는 기술 혁신을 이어가고 있다.

② 매출 규모는 여전히 세계 정상급으로 2024년 기준 약 977억 달러를 기록했지만 최근 몇 분기 동안 매출과 순이익은 소폭 감소하는 모습을 보였다. 이는 전기차 시장의 성장 둔화, 글로벌 경기 침체, 중국 시장 경쟁 심화 그리고 보조금 축소 등의 요인이 복합적으로 작용한 결과다. ③ 그럼에도 불구하고 테슬라는 막대한 현금 보유와 1조 달러를 웃도는 시가총액을 기반으로 재무 안정성은 유지하고 있다.

④ 다만 일론 머스크의 정치적 발언과 300억 달러에 달하는 초대형 보상 패키지 그리고 이사회와의 갈등 등 지배 구조 리스크를 안고 있으며, 단기적으로는 투자자 불안 요인으로 작용할 수 있다. ⑤ 그러나 자율주행, 로보택시, 로봇공학과 같은 미래 성장 동력이 상업화될 경우 장기적인 관점에서 테슬라는 여전히 막대한 잠재력을 지닌 기업이다.

테슬라는 전기차, 로봇, ESS, 우주항공 등 미래 산업을 모두 하고 있는 기업이다. 기업 분석에서 체크하는 5가지 사항들을 확인한 후 테슬라 주가가 크게 밀릴 때마다 매수하고 반등하면 매도하는 식의 중기 매매를 주로 하고 있으며, 적립식 장기 투자로 모

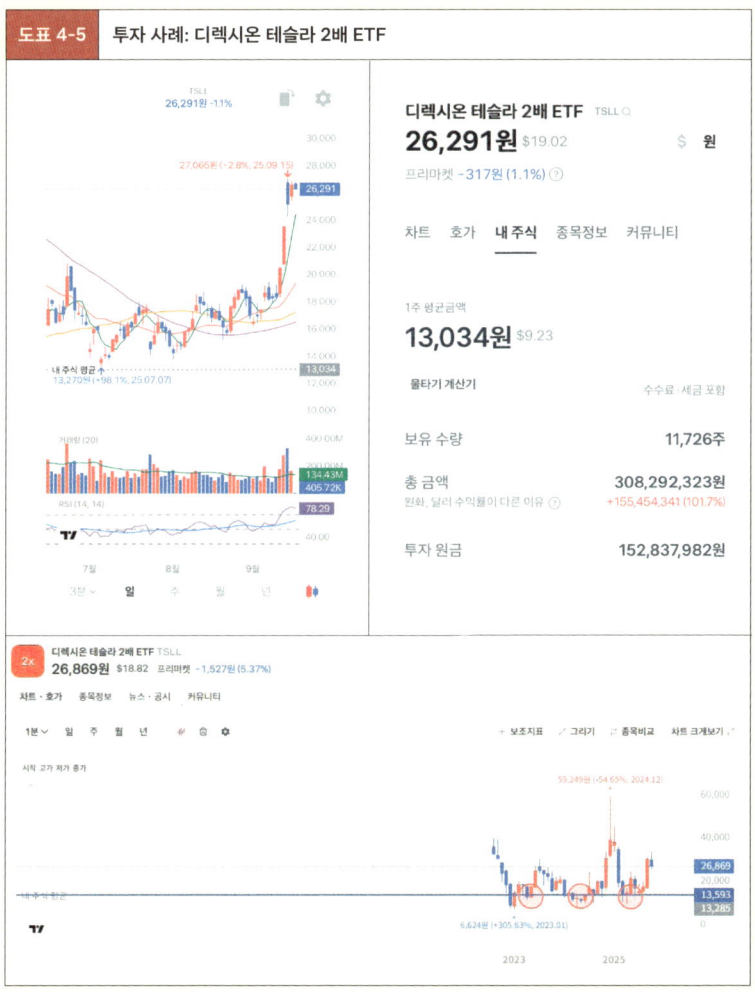

출처: 저자의 계좌 캡처, 토스증권

아가는 계좌를 함께 운영하고 있다. PART 2와 3에서 알려준 지지와 저항 그리고 힘의 강력한 균형점을 활용해 차트에 지지선을 체크했으니 참고하길 바란다.

플스포의 실전 투자 수업 | 181 |

① 팔란티어는 2003년 설립된 데이터 분석·인공지능 전문 기업으로 정부와 민간 부문에 데이터 기반 의사 결정을 지원하는 소프트웨어를 제공하고 있다. Gotham, Foundry, AIP 등의 플랫폼을 통해 방대한 데이터를 통합·분석해 인사이트를 제공한다. 최근에는 AI 활용이 본격화되면서 성장 속도가 폭발적으로 가속화되었다. ② 2025년 2분기 매출은 처음으로 분기 10억 달러를 돌파하며 전년 대비 48% 성장했고 순이익은 약 3억 달러를 넘어 144% 급증했다. 영업이익률은 조정 기준 46%에 달하며 ③ 약 60억 달러의 현금을 보유해 재무 안정성 또한 우수하다.

⑤ 창업자인 알렉스 C. 카프(Alexander C. Karp)와 피터 틸(Peter Thiel)을 중심으로 한 경영진은 장기 비전을 일관되게 유지하고 있으며 AI 기반 솔루션의 수요 증가에 적극 대응하면서 시장을 확장 중이다. ④ 팔란티어의 가장 큰 장점은 고성장과 높은 수익성을 동시에 확보했다는 점이며, 이는 기술주 가운데 드문 사례다. 다만 최근 주가가 급등하며 밸류에이션 부담이 커진 만큼 단기적인 투자 시점에서는 가격 변동성을 유념할 필요가 있다.

2025년 10월 기준 이 종목에 대한 필자의 수익률은 455%다. 이렇게 큰 수익률을 낼 수 있었던 이유는 다름 아닌 기업 분석을 철저하게 한 덕분이다. 미래의 성장성을 보고 저점에서 매수했다.

종합하자면 테슬라는 장기적인 기술 혁신과 미래 비전을 믿는 투자자에게 매력적이지만 단기 실적 둔화와 경영진 리스크를 감

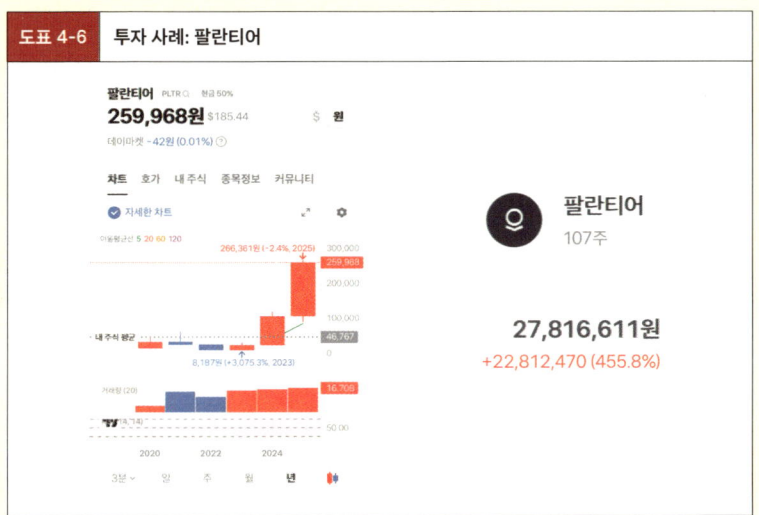

도표 4-6 투자 사례: 팔란티어

출처: 저자의 계좌 캡처

수해야 하는 기업이고, 팔란티어는 폭발적 성장세와 견고한 재무 구조, AI 수요 확대를 바탕으로 현시점에서 상대적으로 더 안정적인 성장 투자가 가능한 기업이다. 따라서 단기, 중기적 비전과 기술 잠재력을 중시한다면 테슬라를, 장기적 성장성과 안정적 실적을 중시한다면 팔란티어를 우선 고려할 수 있다. 결론적으로 두 기업은 모두 미래를 준비하는 혁신 기업이다.

중기 또는 장기 투자 고려 시 반드시 알려준 5가지 기업 분석 사항을 먼저 체크한 후 투자에 임하길 바란다.

PART 5

국장은 실적주가 아니면 테마주가 답이다

테마주만큼 안전하고 리스크 적은 섹터도 없다

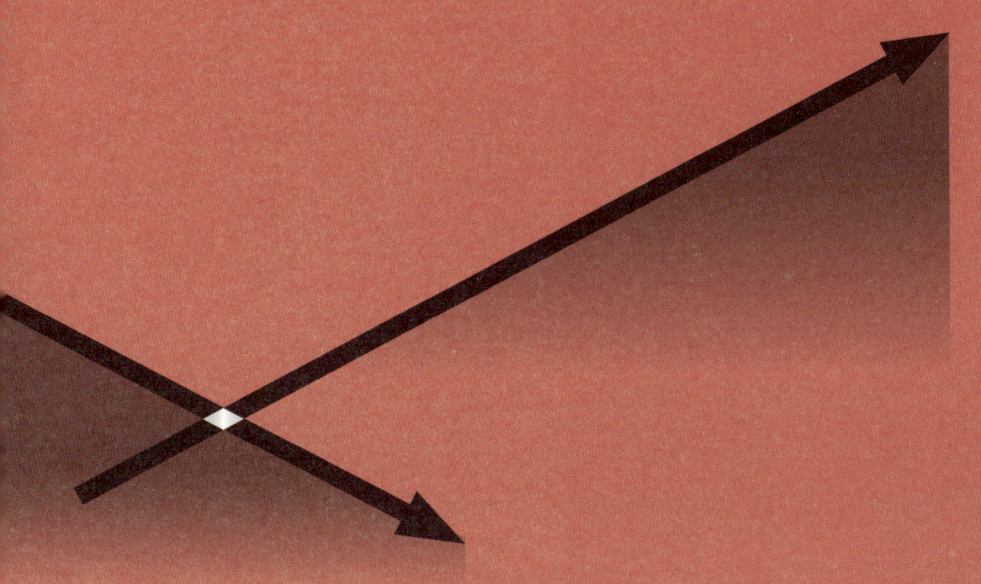

테마주의 이해

국장을 15년 동안 매매하면서 느낀 것은 종목을 선정할 때 실적이 좋은 기업, 아니면 테마주를 봐야 한다는 것이었다. 이는 국장은 아직 환경적인 면에서 주주 친화적이지 못하고 주가를 부양할 확실한 재료가 있어야 한다는 뜻이기도 하다.

주식 시장에는 다양한 종류의 종목들이 존재한다. 이들 중 일부는 특별한 사건이나 사회적 이슈, 정치적 변화, 산업 트렌드 등에 의해 급격한 주목을 받으며 상승세를 타는 경우가 있다. 이러한 종목들은 일반적으로 테마주라고 불리며, 시장 참여자들에게 큰 기회이자 동시에 큰 위험이 되는 존재다. 테마주는 본질적으로 기업의 실적이나 재부 구조 같은 기초적 분석보다는 외부적인 이슈나 기대감에 의해 주가가 움직이는 특성을 지닌다.

테마주의 가장 대표적인 사례는 정치 테마주다. 선거철이 다가오면 특정 정치인과 연관이 있다는 이유만으로 기업의 주가가 급등하는 일이 발생한다. 예를 들어 대선 후보의 형이 사외이사로 있거나, 과거에 같은 사업체에서 함께 일했다는 이유만으로 전혀 실적과 무관하게 주가가 급등하는 현상이 벌어진다.

이 밖에도 신산업에 대한 기대감이 높아질 때 등장하는 미래산업 관련 테마주도 있다. AI, 자율주행차, 2차전지, 수소차, 메타버스 같은 키워드는 하나의 산업군을 묶고, 여기에 속한 종목들이 일제히 급등하는 양상을 보인다. 사회적 이슈에 따라 형성되는 테마주도 존재한다. 대표적인 예로 코로나19 시기에는 마스크, 진단 키트, 백신 개발 기업들이 큰 주목을 받으며 주가가 상승한 바 있다.

테마주는 그 성격상 뉴스와 정보에 민감하게 반응한다. 단 하나의 뉴스 기사 또는 유튜브 영상, 심지어 주식 커뮤니티 게시글 하나만으로도 주가가 급등락할 수 있다. 이것은 테마주에 유입되는 자금의 성격이 장기 투자자보다는 단기 수익을 노리는 트레이더가 많기 때문이다.

단기적 수급에 따라 주가가 빠르게 움직이며 이로 인해 펀더멘털(Fundamental)과 괴리된 흐름이 자주 나타난다. 어떤 경우에는 기업의 실적이나 사업 모델이 부족한 상태에서도 단지 테마에 엮였다는 이유만으로 시세가 형성되는 경우가 많다. 이는 투자자 입장에서는 큰 수익 기회가 될 수 있지만, 반대로 테마가 꺼지는 순간에는 급락의 고통을 함께 감내해야 한다는 의미이기도 하다.

테마주는 군집적으로 움직이는 특성이 강하다. 특정 기업 하나가 상승하면, 관련 업종이나 비슷한 사업 모델을 가진 기업들도 함께 상승하는 경우가 많다. 시장은 그 테마의 흐름 전체를 보고 판단하기 때문에 개별 기업보다 전체 흐름을 파악하는 것이 중요하다. 다만 이 과정에서 실질적인 사업 연관성이 거의 없거나 단순히 상호명이 비슷하다는 이유로 묶이는 경우도 있다. 예를 들어 AI 관련주로 분류된 기업 중 일부는 실제로는 AI 기술과 거의 무관한 기업일 수 있다. 이처럼 테마주는 투자자들의 기대 심리와 수급에 의해 움직이기 때문에 정확한 정보 파악과 함께 냉정한 판단이 요구된다.

테마주의 장점은 분명하다. 우선 수익률이 매우 높을 수 있다. 특히 테마가 형성되는 초기 시점에 진입한 경우에는 짧은 시간 내에 두 배, 세 배 이상의 수익을 얻을 수도 있다. 또한 특정 테마는 시장 전반이 약세를 보이는 상황에서도 강한 주도주 역할을 하며 상승 흐름을 이끌 수 있다. 예를 들어 AI 산업이 각광을 받는 시기에는 전체 지수가 하락하는 와중에도 AI 관련주는 상승세를 지속하는 모습을 보인다. 이는 포트폴리오에 테마주를 적절히 활용함으로써 리스크를 분산하고 수익을 높일 수 있는 기회를 제공해준다.

하지만 이러한 장점만큼이나 단점도 크다. 가장 대표적인 문제는 변동성이 크다는 점이다. 전일 상한가를 기록한 종목이 다음 날 바로 하한가를 맞는 일이 실제로 자주 발생한다. 이처럼 테마주에는 높은 기대가 실리지만, 기대가 현실화되지 않거나 새로운 이슈로 관심이 분산되면 수급이 빠르게 빠져나가면서 급락하는 경우가 많다. 또한 기업의 본질적인 가치와 무관하게 주가가 급등한 경우 고점에서 진입한 투자자들은 막대한 손실을 볼 수 있다. 테마가 끝난 뒤에는 다시 실적에 기반한 가치 평가로 돌아가기 때문에, 실적이 뒷받침되지 않는 테마주는 주가가 본래 수준 이하로 떨어지기도 한다.

이러한 리스크를 감안할 때 테마주에 접근하려는 투자자는 반드시 몇 가지 원칙을 세워둘 필요가 있다.

첫째, 테마의 흐름을 감지하고 진입 시점을 신중하게 정해야 한다. 일반적으로 뉴스가 본격적으로 쏟아지기 시작했을 때는 이미 상승세가 상당 부분 반영되었을 가능성이 높다. 따라서 초기 진입이 가장 유리하다. 뒤늦게 진입할 경우에는 보수적인 전략이 필요하다.

둘째, 분할 매수와 분할 매도 전략을 통해 리스크를 분산해야 한다. 한 번에 전량 매수하거나 전량 매도하는 방식보다는 일정 구간마다 비중을 조절하는 것이 변동성 높은 테마주에서는 더 유리할 수 있다.

셋째, 기업의 실질적인 사업 내용을 반드시 확인해야 한다. 테마와 실제로 얼마나 밀접한 관련이 있는지를 판단하는 것이 중요하며, 단순히 루머나 기대감에만 의존한 투자 결정은 위험하다.

마지막으로, 손절 기준을 명확히 세우고 반드시 지키는 것이 필요하다. 손실을 줄이기 위해선 시장이 예상과 다르게 움직였을 때 빠르게 대응할 수 있는 준비가 되어 있어야 한다.

테마주는 현대 주식 시장에서 빠질 수 없는 중요한 요소다. 사회와 산업의 흐름을 반영하면서 투자자들에게 새로운 기회를 제공하지만, 동시에 많은 위험도 동반한다. 따라서 테마주의 유혹에 쉽게 휩쓸리기보다는 그 본질과 구조를 정확히 이해하고 자신만의 투자 기준과 전략을 갖춘 상태에서 접근하는 것이 바람직하다. 유행을 따르되 중심을 잃지 않는 투자자의 자세가 필요하다.

A급 테마를 찾는
절대 기준 3가지

주식 시장에서 테마주는 단기간에 높은 수익을 기대할 수 있는 좋은 기회로 여겨진다. 하지만 수많은 테마 중에서도 정말로 투자 가치가 있는, 이른바 A급 테마주를 선별해내는 것은 결코 쉬운 일이 아니다. 테마라는 흐름은 감정적이면서도 순식간에 시장을 지배하며, 때로는 이성적인 판단을 마비시키기도 한다. 그렇기에 테마주에 접근할 때는 단순한 감이나 소문에 의존하기보다는 명확한 기준을 세워 체계적으로 접근할 필요가 있다. 그 기준은 바로 연속성, 기대감, 신선함이다.

먼저 연속성이란 테마가 단발성 이슈에 그치지 않고 일정 기간 지속될 수 있는 구조적 흐름을 가졌는지를 의미한다. 테마의 강도는 단기간의 급등보다 그 흐름이 얼마나 길게 유지되느냐에 따라 결정된다. 예를 들어 어떤 기업이 특정 기술을 개발 중이라는 소식이 나왔을 때, 그 기술이 상용화까지 이어지는 구조적 성장 단계에 있거나 정부 정책, 글로벌 트렌드와 연결되어 있다면 연속성이 높다고 볼 수 있다. 반면 단순히 일회성 수혜에 불과하거나 기업 내부 이벤트, 계약 루머 수준에 머무를 경우 연속성은 떨어진다.

연속성이 높은 테마의 대표적인 예는 AI다. 챗(Chat)GPT와 같은 생성형 AI가 등장하면서 AI는 일시적인 유행을 넘어서 산업 전반에 걸쳐 실질적 변화를 주도하고 있다. 이처럼 시장과 기술, 정책이 맞물려 중장기적으로 지속 가능한 테마는 단기 급등 이후에도 조정과 재상승이 반복되며 주가 흐름에 생명력을 부여한다. A급 테마주는 반드시 이 연속성을 가져야 하며, 이를 통해 테마가 일회성 이벤트로 끝나는 것이 아니라 하나의 '스토리'로 발전할 수 있어야 한다.

두 번째 기준은 기대감이다. 기대감은 투자자들이 해당 테마나 종목에 대해 느끼는 미래 가능성에 대한 감정적 반응이며, 이는 시장 수급의 원천이 된다. 테마주는 실적보다 기대가 먼저 반영되기 때문에 A급 테마로 성장하기 위해서는 사람들의 상상력을 자극할 수 있어야 한다. 주식 시장은 이성보다는 심리에 의해 움직이는 경우가 많다. 그렇기에 아무리 실질적인 성과가 없다 하더라도 될 것 같은 분위기가 형성되면 주가는 움직인다.

기대감을 형성하는 방식은 다양하다. 정부의 정책 발표, 글로벌 시장의 수요 확대, 특정 산업군의 기술 진보, 유명 인사의 언급 등이 그것이다. 특히 AI, 반도체, 바이오, 로봇, 우주항공과 같은 산업은 아직 완전히 현실화되진 않았지만 사람들의 상상력과 미래에 대한 기대감을 자극하기 때문에 항상 시장의 주목을 받는다. 기대감이 있는 테마는 수급이 끊기지 않기 때문에 조정이 나오더라도 매수세가 다시 들어오고 주가 역시 V자 반등을 자주 보여준다.

기대감이 높은 테마는 언론, 커뮤니티, SNS 등을 통해 빠르게 전파되며 시장 전체에 파장을 일으킨다. 이 과정에서 형성되는 투자자들의 감정과 몰입은 강한 수급으로 이어지며 단기적으로 주가를 끌어올리는 핵심 동력으로 작용한다. A급 테마주는 단순히 주목을 받는 것이 아니라 무조건 올라갈 것 같은 느낌을 주는 기대감을 지닌 테마여야 한다. 이러한 감정적 공감대는 단타 매매자뿐 아니라 중기 투자자까지 참여하게 만들며 테마의 생명력을 더욱 강하게 만든다.

마지막 기준은 신선함이다. 신선함이란 시장에 아직 충분히 알려지지 않았거나 새로운 이슈로 떠오르며 대중의 주목을 처음 받는 상태를 말한다. 테마주는 기본적으로 새롭다는 느낌을 줘야 투자자들이 관심을 가진다. 이미 시장에 많이 알려진 테마는 고점에 근접해 있거나 수익률이 많이 반영된 상태일 가능성이 높다. 반면 신선한 테마는 아직 본격적인 자금 유입이 시작되지 않았기 때문에 초기에 진입할 경우 높은 수익률을 기대할 수 있다.

신선함의 조건은 단순히 뉴스에 안 나온 것이 아니다. 새로운 트렌드의 시작점에 있는 기업을 먼저 포착하거나, 기존 산업과 전혀 다른 방식의 기술적 돌파구를 제시하는 경우를 의미한다. 예컨대 로봇 산업이라는 큰 테마 안에서 AI 기반 웨어러블 로봇이라는 세부 분야가 등장했다면 이는 기존 테마의 하위 항목이면서도 신선함을 지닌 서브 테마로 간주할 수 있다. 이처럼 대중이 아직 충분히 인식하지 못한 주제, 또는 시장 초기 단계에 있는 테마가 바로 신선함의 중심에 있다.

A급 테마주는 반드시 이 3가지 요소, 즉 연속성, 기대감, 신선함을 모두 갖춰야 한다. 하나라도 빠지면 그 테마는 일시적인 반짝 수익을 줄 수는 있어도 지속적이고 안정적인 수익 기회를 제공하긴 어렵다. 반대로 이 3가지가 유기적으로 연결되면 테마는 일정 기간 동안 시장을 주도하는 메가 트렌드로 발전하며 해당 테마에 속한 종목들도 강한 상승 흐름을 이어간다. 특히 연속성이 뒷받침된 상태에서 기대감이 더해지고 신선한 시선으로 투자자들의 관심을 끌 수 있을 때 비로소 테마는 A급으로 도약할 수 있다.

이러한 관점에서 테마를 분석하고 A급 종목을 발굴하려면 투자자는 단순히 뉴스를 읽는 수준을 넘어 시장의 감정선과 흐름을 읽을 수 있는 훈련이 필요하다. 기업이 어떤 산업 흐름 속에 있는지 시장은 어떤 상상력을 기대하고 있는지 그리고 지금 이 테마가 얼마나 신선하게 느껴지는지를 스스로 질문하며 판단해야 한다. 주식 시장은 결국 수급과 심리의 게임이다. 그리고 그 중심에는 언제나 A급 테마가 있다.

테마의 대장주를 찾는 방법

기억하자. 가장 먼저 상한가 가는 종목이 그 테마의 대장주이고, 테마의 기간이 길어지면 관련주들이 순환매 되면서 순차적으로 대장주가 바뀌는 경우도 있다.

주식 시장에서 테마주는 항상 화제가 된다. 뉴스나 정치, 산업의 변화에 따라 특정 종목들이 갑자기 주목받고 투자자들의 자금이 몰리는 현상은 자주 볼 수 있다. 이럴 때 가장 먼저 투자자들이 궁금해하는 것은 바로 '이 테마의 대장주는 무엇인가'다. 대장주는 단순히 테마에 속한 종목 중 하나가 아니라 시장에서 해당 테마를 대표하고 투자자들의 기대를 가장 많이 받으며 가격과 거래량 측면에서도 가장 강력한 흐름을 보여주는 종목을 말한다. 그래서 테마 투자를 제대로 하기 위해서는 대장주를 찾는 눈이 반드시 필요하다. 일반적으로 테마가 형성되고 가장 빨리 상한가를 가는 종목을 해당 테마의 대장주라고 봐야 한다. 중요한 것은 테마는 A급 테마 대장주를 매매해야지 리스크가 줄어들고 수익률은 높일 수 있다.

최근 몇 년간 가장 강력한 테마 중 하나는 바로 2차전지다. 전기차 시대의 도래, 탄소 중립과 재생에너지 확대, 전력 저장 장치 수요 급증 등으로 인해 2차전지 산업은 폭발적인 관심을 받고 있다. 테마가 강력한 만큼 관련 종목도 많다. 셀 제조사인 LG에너지솔루션, 삼성SDI, SK온이 있고, 소재업체로는 에코프로비엠, 포스코퓨처엠, 엘앤에프 등이 있다. 여기에 장비업체와 부품사, 재활용업체까지 얽히면 수십 개의 종목이 2차전지 테마에 묶인다. 이 많은 종목 중 대장주는 누구일까?

대장주를 판단할 때에는 단순히 시가총액이나 매출만을 보는 것은 부족하다. 오히려 시장 반응과 주가 흐름, 투자자들의 기대 심리를 기준으로 판단해야 한다. 대장주 역시 앞서 배웠던 A급 테마의 절대 기준인 세 가지 요소를 충족해야 한다.

첫째, 연속성이다. 주가가 하루이틀만 오르고 마는 게 아니라, 여러 날 또는 몇 주에 걸쳐 지속적으로 상승하는 힘이 있는 종목이어야 한다.

둘째, 기대감이다. 이 종목이 테마에서 진짜 수혜를 입을 가능성이 있고 미래가 기대되는 스토리를 갖고 있어야 한다.

셋째, 신선함이다. 이미 너무 많이 오른 종목보다는 아직 시장에서 재조명되고 있거나, 새롭게 주목받기 시작한 종목이 대장주가 되기 쉽다.

그리고 테마가 형성되고 거래량과 거래 대금이 많이 실린 상한가 종목이 보통 테마의 대장주가 된다. 또한 테마는 대장주 외의 종목을 매매하면 리스크가 크고 수익률 면에서 떨어진다. 왜냐하면 테마의 모든 종목이 대장주를 보고 따라가기 때문이다. 만약 대장주가 5% 밀리면 관련주들은 더 크게 밀릴 수 있다.

과거 2차전지 테마에서 이러한 조건을 모두 만족한 종목이 바로 에코프로비엠이었다. 이 회사는 양극재라는 2차전지의 핵심 소재를 생산하는 업체다. LG에너지솔루션에 공급을 하면서 산업 내 입지도 탄탄했고 전기차 시장의 성장과 함께 실적도 빠르게 증가했다. 무엇보다 2020년부터 본격적인 상승이 시작되어 2023년까지 수년간 주가 상승이 이어졌으며 수많은 투자자들에게 2차전지 대장주로 인식되었다. 주가뿐 아니라 거래량도 항상 많았고 수급 측면에서도 기관과 외국인의 매수세가 강하게 붙었다. 테마가 언급될 때마다 가장 먼저 반응했고, 가장 크게 상승했으며 그 뒤를 따라 다른 관련주들이 움직였다. 이것이 바로 대장주의 전형적인 모습이다.

대장주를 찾으려면 실전에서 몇 가지 단계를 거치면 된다. 먼저, 뉴스나 시장 분위기를 통해 어떤 테마가 떠오르는지 파악한다. 전기차, AI, 원전, 수소 등 산업 전반에 영향을 주는 흐름을 읽는 것이 중요하다. 다음으로, 해당 테마 안에서 가장 먼저 주가가 움직이기 시작한 종목을 살펴본다. 이때는 일일 등락률만 보는 것이 아니라 최근 며칠간의 흐름과 거래량 추세도 함께 확인해야 한다. 그리고 이 종목이 단순한 단타성 움직임이 아니라 실적이나 성장성에 기반하고 있는지 분석해본다. 마지막으로 외국인과 기관 수급, 시가총액 변화 등을 통해 이 종목이 단순한 반짝주가 아닌 테마를 대표하는 무게감을 가졌는지를 판단해야 한다.

이 과정을 통해 하나의 테마 안에서 대장주를 찾아낼 수 있다. 그리고 이 대장주는 테마가 유지되는 한 가장 큰 상승을 보여줄 가능성이 크다. 많은 투자자들이 테마주에 투자하면서도 수십 개 종목 중 대장주가 아닌 부대장이나 후발주에 투자해 수익률이 낮아지는 경우가 많다. 시장은 늘 대표를 찾는다. 테마가 뜰 때마다 시장은 그 테마를 가장 잘 설명해줄 수 있는 종목에 돈을 모은다. 이 종목이 바로 대장주다.

결국 테마주 투자란 대장주를 얼마나 빠르게 포착하고, 얼마나 효과적으로 진입하고, 적절히 빠져나올 수 있는지의 싸움이다. 대장주는 모든 테마에서 반드시 존재하며 투자자들은 그 흐름을 읽고 중심을 잡는 훈련을 해야 한다. 2차전지 테마의 에코프로비엠처럼 미래의 어느 날에도 AI 테마에서, 수소 테마에서, 방산 테마에서 또 다른 대장주는 나타날 것이다. 중요한 것은 그들이 나타났을 때 우리가 그것을 알아볼 수 있는 눈을 갖추는 것이다. 대장주는 스스로 나타나는 것이 아니라 준비된 투자자의 시선에서 발견되는 것이다.

테마의 대장주 흐름

테마의 대장주 흐름 공부를 위한 좋은 종목이 있다. 그 종목은 바로 오리엔트정공이다. 오리엔트정공은 한동안 '이재명 인맥주'로 분류되면서 정치 테마주의 대장주로 강한 상승 흐름을 보여준 종목이다.

이 종목의 주가 움직임을 엘리어트 파동 이론(Elliott wave principle, 주가의 움직임은 상승 5파와 하락 3파로 움직이면서 끝없이 순환한다는 이론)으로 분석해보면, 상승 5파동과 하락 3파동이라는 전형적인 주가 사이클을 그리며 움직였다는 사실을 확인할 수 있다. 엘리어트 파동 이론은 군중 심리와 수급의 흐름을 기반으로 가격 움직임을 설명하는 기법으로, 특히 테마주처럼 투자자 심리가 극단적으로 작용하는 시장에서 그 적용성이 높다는 특징이 있다.

오리엔트정공의 차트를 살펴보면 테마 형성 초입에서부터 대장주로서의 폭발적인 상승을 만들어내고 이어지는 조정과 재상승, 그리고 하락으로 이어지는 구조가 뚜렷하게 관찰된다. 이 과정을 하나씩 단계별로 서술하면 다음과 같다.

엘리어트 파동 이론에서 상승 5파동은 1파, 2파, 3파, 4파, 5파로 구분되며 각각의 파동은 시장 참여자들의 심리 변화와 수급 흐름을 반영한다. 1파는 초기 상승으로, 시장의 일부 선도 세력이 저가 매집을 통해 주가를 끌어올리는 구간이다. 2파는 단기 조정으로, 1파 상승분의 일부를 되돌리며 시장의 의구심을 자극한다. 3파는 가장 강력한 상승 구간으로, 대중과 기관 그리고 단기 트레이더들의 자금이 집중적으로 몰려 거래량과 가격 모두 폭발적으로 상승한다. 4파는 숨 고르기 조정으로, 상승세가 일시

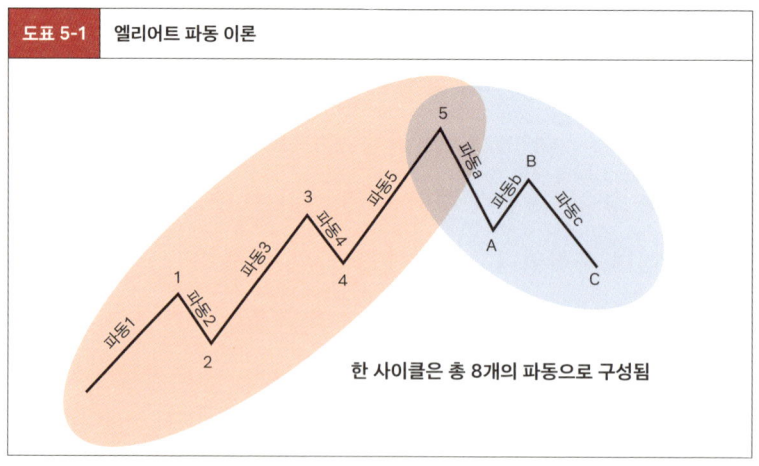

도표 5-1 엘리어트 파동 이론

한 사이클은 총 8개의 파동으로 구성됨

적으로 꺾이며 이익 실현 매물이 출회되는 시기다. 마지막 5파는 종종 힘이 다한 듯한 상승으로, 추격 매수세가 주도하며 고점을 형성한 뒤 급락의 서막을 알리는 시기다. 이후 나타나는 하락 3파동은 A, B, C파로 구분되며, A파는 첫 하락, B파는 일시적 반등, C파는 최종 하락으로 구성되어 주가가 새로운 균형을 찾게 만든다.

오리엔트정공의 경우 2024년 하반기부터 2025년 초까지 이재명 관련 정치 테마가 형성되면서 대장주로 부각되었고 주가는 1,000원대에서 출발해 52주 최고점인 1만 9,220원까지 상승하는 흐름을 보였다. 이 상승은 전형적인 5파동 구조로 해석할 수 있으며, 각 파동의 구간은 차트 분석을 통해 명확히 구분된다. 1파는 1,000원대에서 7,500원대까지의 초기 상승 구간으로, 이 시기에는 일부 세력이 선제적으로 매집을 하며 주가를 천천히 끌어올렸다. 2파는 7,500원대에서 4,200원대까지 조정을 보이며 1파 상승분의 약 30~40%를 되돌렸다. 3파는 4,200원대에서 1만 1,000원대까지 폭발적으로 상승한 구간으로 거래량 급증과 함께 테마주 열풍이 본격화되었다. 4파는 7,000원대까지 다시 조정을 받으며 상승분의 30%~40% 정도를 되돌리는 숨 고르기 국면으로 이어졌다. 이후 5파는 마지막 상승을 1만 9,200원대까지 보여주고 상승 사이클을 마무리했다.

이후 오리엔트정공의 주가는 엘리어트 이론에서 말하는 하락

출처: 알파스퀘어

3파동 국면으로 접어들었다. A파에서는 5파 고점에서 급락하며 초기 하락이 나타났다. 이 구간에서 많은 단기 투자자들이 매도에 나섰다. B파에서는 일시적인 반등이 나타났지만 미약한 반등에 그쳤다. C파에서는 다시 하락이 재개되며, 주가는 4파 저점 부근 또는 그 아래까지 밀리며 조정이 마무리되는 국면으로 진입했다. 이러한 하락 3파동의 전개는 테마주 특유의 급등 후 급락 패턴과 일치하며 거래량 감소와 시장 관심 저하가 동시에 나타났다. 즉 테마의 재료가 소멸된 것이다.

테마 대장주로서의 오리엔트정공의 주가 흐름을 분석하면 상승 파동 구간에서 나타난 폭발적인 수급과 군중 심리의 변화를 확인할 수 있다. 이재명 인맥주라는 정치적 테마가 집중 조명되며 개미 투자자와 단기 트레이더들의 추격 매수가 이어졌다. 이 과정에서 주가는 하루에 수십 퍼센트씩 오르는 급등세를 기록했고, 일평균 거래량도 수백만 주 이상으로 폭증했다. 그러나 조정 구간에서는 이익 실현 매물과 피로감이 쏟아지며 거래량이 감소했고 5파에서는 에너지가 소진된 채로 고점을 형성하며 상승 추세가 꺾였다. 이후 하락 3파동 구간에서는 테마의 열기가 사그라지고, 기관과 외국인 투자자들이 차익 실현을 통해 포지션을 축소하면서 주가가 안정 구간을 찾아가는 모습을 보였다.

엘리어트 파동 이론으로 이재명 대장주 오리엔트정공의 주가 흐름을 살펴보았다. 그렇다. 테마의 대장주는 끝없이 주가가 상승하지 않는다. 상승이 끝나면 하락이 다가온다는 사실도 인지해야 한다. 많은 초보 투자자들이 그 사실을 인지하지 못하고 알아도 욕심 때문에 수익이었던 계좌가 본전이 되고 손실까지 이어지는 놀라운 경험을 했을 것이다. 테마주는 우량주가 아니기 때문에 미국 주식 기업의 주가처럼 계속 우상향할 수 없다. 생명력이 짧다라는 걸 늘 염두하고 매매해야 한다.

결론적으로 오리엔트정공은 이재명 인맥주로서 전형적인 엘리어트 파동 구조 속에서 테마 대장주의 흐름을 보여준 종목이다. 상승 5파동에서는 초기 세력 매집과 폭발적인 테마 수급으로 주가가 1,000원대에서 1만 9,000원대까지 치솟았으며 하락 3파동에서는 테마 열기 소멸과 함께 조정과 안정화 과정이 진행되었다. 이러한 주가 흐름을 이해하면 향후 새로운 상승 사이클에 대비할 수 있고, 테마주의 변동성을 활용한 전략적 접근이 가능하다. 엘리어트 파동 이론으로 분석하면 테마의 대장주를 대하는 시장 참여자들의 심리를 보다 명확히 이해할 수 있다. 따라서 이 종목은 테마주 매매의 교과서적인 사례이자 엘리어트 파동 이론을 실전에 적용해볼 수 있는 좋은 예시라 할 수 있다.

테마주 매매 시 유의 사항

테마가 형성되면 그와 관련된 종목들이 빠르게 주목을 받는다. 사람들은 '이 회사가 그 이슈의 수혜주다'라고 판단하면서 매수에 나서고 그렇게 해서 여러 종목들이 묶여 움직이게 된다. 바로 이것이 테마주다. 테마주는 초보 투자자들에게도 굉장히 매력적이다. 빠르게 상승하는 차트를 보면 금방이라도 큰 수익을 낼 수 있을 것 같고 주변 사람들도 요즘 어떤 테마가 좋다더라며 매매를 부추긴다. 하지만 테마주에는 분명히 장점만 있는 것은 아니다. 큰 수익을 낼 수 있는 만큼 큰 손실도 낼 가능성이 있다. 지금부터는 테마주 매매 시 꼭 알아야 할 유의 사항을 하나하나 풀어 설명해보고자 한다.

보통 우량주나 가치주들은 실적을 기반으로 움직인다. 매출이 늘어나고, 이익이 증가하면 주가도 자연스럽게 상승한다. 그러나 테마주는 다르다. 아직 실적이 뚜렷하게 나오지 않았음에도 기대감 하나만으로 주가가 급등하는 경우가 많다. 예를 들어 AI가 사회적으로 주목받기 시작하면 AI 관련 키워드가 달린 기업들이 급등하기 시작한다. 심지어는 그 회사가 실제로 AI 기술을 갖추고 있지 않더라도 단순히 관련 사업 계획을 언급했다는 이유만으로도 주가가 급등하는 일이 발생한다. 이처럼 테마주는 실체보다 투자자들의 심리가 주가를 결정짓는 핵심 요인이다.

이 사실을 인식하지 못하면 '이 회사는 적자 기업이니까 오를 이유가 없다'라는 논리로 테마 흐름에서 뒤처지거나, 반대로 '실적이 좋은데 왜 안 오르지?'라는 혼란에 빠질 수 있다. 테마주는 논리보다 대중의 감정에 의해 움직인다. 이 점을 반드시 기억하고 접근해야 한다.

앞서 언급했듯이 많은 초보자들이 대장주보다 덜 오른 종목을 찾아 부대장이나 후발주에 투자하는 경우가 많다. 그러나 이는 대장주보다 훨씬 위험한 선택이다. 대장주는 시장의 중심에 있기 때문에 조정을 받아도 수급이 다시 들어오는 경우가 많지만 후발주는 테마의 열기가 식으면 버려지기 쉽다. 따라서 테마 매매를 할 때는 반드시 대장주에 집중하는 것이 기본이다.

뉴스와 관련해 유의해야 할 점은, 뉴스가 나왔다고 해서 무조건 주가가 오르지 않는다는 것이다. 이미 시장에서 충분히 기대감이 반영된 상태라면 오히려 호재 뉴스가 나온 직후에 주가가 하락하는 경우도 있다. 이를 재료 소멸이라고 한다. 투자자들은 '호재인데 왜 떨어지지?'라며 의아해하지만 시장은 이미 그 뉴스를 알고 있었고, 미리 사들인 세력은 그 시점에 차익 실현을 하기 때문이다. 그러므로 뉴스는 참고 자료일 뿐이며 그것보다 앞서 시장의 분위기와 흐름을 읽는 능력이 훨씬 중요하다는 걸 유념하자.

테마주처럼 심리로 움직이는 종목일수록 차트의 중요성은 커진다. 기업 가치를 계산해서 매매하는 것이 아니라면, 시장 참여자들이 어떤 가격대에서 사고팔고 있는지를 확인하는 것이 무엇보다 중요하다. 예를 들어 반복적으로 지지를 받는 가격대가 있다면 그 구간은 매수세가 강한 구간이고, 반대로 반복적으로 저항을 받는 가격대는 매도세가 많은 구간이다. 특히 테마주의 경우 급등 이후 눌림목에서 차트의 패턴이 반복되는 경우가 많다.

또한 거래량도 매우 중요하다. 주가가 급등하면서 거래량이 동반된다면 이는 시장 전체가 해당 종목에 관심을 가지고 있다는 신호다. 하지만 주가는 올랐는데 거래량이 줄어든다면 이는 단기적인 피로감이 누적되었거나 세력이 이탈하고 있다는 신호일 수도 있다. 즉 차트는 시장 참여자들의 심리를 간접적으로 보여주는 도구이므로 이를 해석하는 눈을 기르는 것이 테마주 매매에서 매우 중요하다.

테마주는 매우 빠르게 움직인다. 하루에도 몇 번씩 급등과 급락을 반복하기도 한다. 이처럼 극심한 변동성 속에서 투자자는 감정적으로 휘둘리기 쉽다. 조급함, 공포, 욕심 같은 감정이 매매를 지배하면 수익은커녕 큰 손실을 볼 가능성이 커진다.

그래서 테마주 매매에서는 매수 전 계획이 반드시 필요하다. 어디에서 사고, 어디에서 팔 것인지 손절 기준은 어디까지 허용할 것인지를 사전에 정해둬야 한다. 이 기준 없이 단지 상승하는 모습만 보고 들어간다면 고점에서 물리는 일이 생길 수 있다. 특히 수익이 났을 때는 너무 욕심내지 말고 적절한 선에서 분할 매도하거나 목표 수익률에 도달하면 매도하는 것이 좋다. 반대로 손실이 나더라도 계획한 손절 라인에 도달하면 과감하게 정리해야 한다. 그래야 다음 기회를 잡을 수 있다.

테마주는 유행처럼 흘러간다. 어제까지 온 세상이 주목하던 테마가 하루아침에 관심 밖으로 밀려나는 경우도 있다. 그래서 테마주는 장기 보유보다는 단기 매매에 적합하다. 타이밍이 생명이며 늦게 들어가면 이미 상승이 끝난 뒤일 가능성이 높다. 초기에 빠르게 진입해서 일정 수익을 얻고 매도하는 전략이 가장 안정적이다. 특히 시장의 분위기가 급변할 경우 주저하지 말고 빨리 빠져나오는 결단력이 필요하다. 수익도 중요하지만 손실을 피하는 것이 더 중요하기 때문이다.

테마주는 분명히 매력적인 투자 대상이다. 하지만 그만큼 불확실성과 리스크도 함께 따라온다. 상승의 이유가 실적이 아니라 기대감이고, 대장주와 후발주의 흐름이 확연히 다르며, 뉴스가 늦은 정보일 수 있고, 감정에 휘둘릴 위험이 크기 때문이다. 이 모든 것을 인식하고 나만의 매매 전략을 가지고 임한다면 테마주는 충분히 좋은 수익 기회가 될 수 있다.

   가장 중요한 것은 자신만의 원칙을 갖는 것이다. 대장주에만 집중할 것인지, 어떤 구간에서만 진입할 것인지, 수익과 손절 기준은 어떻게 정할 것인지 등 체계적인 기준이 없다면 결국 시장의 흐름에 휩쓸릴 수밖에 없다. 반대로, 준비된 투자자에게 테마주는 큰 기회가 될 수 있다. 시장은 늘 새로운 이슈를 만들어내고 그 속에서 또 다른 테마가 등장할 것이다. 중요한 것은 그 흐름을 정확히 읽고 때를 기다릴 줄 아는 투자자의 태도다.

테마주
실전 사례 분석

테마주는 단기간에 큰 수익을 안겨줄 수 있지만 그만큼 고위험이다. 투자자들의 관심이 집중되면 급등하지만 이슈가 사라지면 순식간에 하락할 수 있다. 지금부터 실제 시장에서 강력한 반응을 보였던 네 가지 테마인 코로나 테마, 2차전지 테마, 원전 테마, 이재명 테마를 중심으로 대장주의 흐름과 함께 그 속에 숨겨진 교훈을 살펴보려 한다.

1) 전염병이 만든 극단의 코로나 테마

2020년 1월 코로나19가 국내에 확산되기 시작하면서 주식 시장에 전에 없던 충격이 닥쳤다. 모든 종목이 하락하고 공포가 팽배한 가운데 단 하나의 섹터만이 반대로 움직이기 시작했다. 바로

출처: 알파스퀘어

'방역 관련주'였다. 이 중에서도 가장 강력한 주가는 씨젠이 기록했다. 분자 진단 키트를 생산하는 이 기업은 코로나 바이러스 진단의 핵심 기업으로 떠올랐다. 불과 몇 달 사이 씨젠은 3,000원대에서 30만 원 근처까지 치솟았다. 거의 100배 가까운 상승이었다.

하지만 그 이후는 어땠을까? 2021년 백신이 개발되고 코로나가 일상화되면서 씨젠은 급속히 조정을 받았다. 2023년에는 다시 3만 원대로 내려왔다. 수많은 개미 투자자들은 고점에서 따라 붙었다가 큰 손실을 입었다. 질병, 자연재해와 같은 테마는 극단적인 공포 속에서 강한 수익 기회를 주지만, 단기성 테마로서 이슈 소멸 시 빠르게 매도해야 한다. 뉴스보다 빠르게 움직이는 시장의 심리를 선제적으로 파악할 필요가 있다.

PART 5 국장은 실적주가 아니면 테마주가 답이다

📊 2) 산업이 만든 대세의 흐름, 2차전지 테마

2차전지는 단발성 이슈가 아니다. 전기차 시대가 본격화되면서 전 세계가 배터리를 둘러싼 전쟁을 벌이기 시작했다. 이에 따라 한국 증시에서도 2차전지 관련주들이 하나둘씩 급등하기 시작했는데, 대표적인 대장주는 에코프로비엠이었다. 2019년 5만 원 대였던 에코프로비엠은 2023년 3월 기준으로 무려 150만 원을 돌파했다. 배터리 양극재 기술력을 바탕으로 LG에너지솔루션 등 글로벌 고객사에 납품하고 공격적인 증설 소식과 실적 상승이 맞물리면서 꿈의 종목이 되었다.

여기에 더해 모회사인 에코프로, 그리고 동반 성장한 엘앤에프, 포스코퓨처엠까지 전체 산업군이 테마화되며 장기 상승세가 이어졌다. 산업 기반이 탄탄한 테마는 단기 트레이딩보다 중장

출처: 알파스퀘어

기 투자 전략이 유리하다. 특히 실적이 실제로 뒷받침되는 진짜 대장주를 선별하면 테마주에서도 안정적인 수익이 가능하다.

3) 정책 변화가 일으킨 에너지 흐름, 원전 테마

문재인 정부하에서 탈원전 기조가 이어졌지만 윤석열 정부 출범과 함께 다시 원전 산업이 부활했다. 정부가 원전 수출을 국가 전략으로 삼으면서 관련 기업들이 재조명되었다.

이 시기에 두각을 나타낸 종목은 한전기술이었다. 한전기술은 원자로 설비 및 터빈 관련 기술을 보유한 대표적인 원전 기업이다. 원전 정책 전환이 발표되자 주가는 단기간에 2배 이상 상승했다. 뒤이어 우진, 보성파워텍 등 후속 관련주들이 움직이기 시작했다.

출처: 알파스퀘어

그러나 원전 정책이라는 것이 정부에 따라 쉽게 바뀔 수 있는 만큼 주가 역시 불안정한 흐름을 보였다. 2023년 중반 이후 원전 수출 기대가 현실로 이어지지 않자 투자 심리는 빠르게 식었고, 일부 고점 대비 40% 이상 하락한 종목도 있었다.

정책 테마는 상승이 빠르지만 변동성도 크다. 대장주는 선도적으로 움직이지만 수출 실현 여부나 실제 수주 계약이 없으면 상승은 일시적일 수 있다. 정책 발표 직후 매수보다는 수급과 거래량 중심의 차트 분석이 필수다.

4) 테마의 꽃, 정치 테마

정치 테마는 항상 존재해왔다. 선거가 있는 해에는 특정 정치인과 연관된 기업들이 급등하는 경우가 많다. 2025년 조기 대선을 앞두고 이재명 후보가 여당 대표로 유력해지자 그의 정책 방향이나 과거 이력과 연결된 기업들이 대거 테마화되었다.

대표적인 종목은 오리엔트정공이었다. 이 회사는 이재명과의 직접적인 사업 연관성이 없음에도 경기도 연고 기업이라는 이유만으로 테마화되었다. 주가는 수차례 급등락을 반복했고 또 다른 종목인 에이텍 역시 정책주로 묶이며 급등했다. 그러나 선거가 종료되자 해당 종목들의 투자 매력은 급속히 사라졌고 고점 대비 반 토막 이상 하락한 종목들이 속출했다.

정치 테마는 대표적인 일회성 재료다. 단기간 급등 가능성은

출처: 알파스퀘어

크지만 명확한 사업 근거가 없는 경우 거품이 꺼지는 속도도 매우 빠르다. 따라서 철저한 단타 전략 및 손절 기준이 요구된다.

테마주는 단순한 유행이 아니다. 그것은 인간 심리의 집합이며, 기대와 공포의 표현이다. 테마를 읽는다는 것은 단순히 종목을 추적하는 것이 아니라 시장을 읽는 것이다. 테마는 반복된다. 코로나 다음엔 AI, AI 다음엔 로봇, 그다음은 또 다른 신기술이 등장할 것이다. 하지만 그 중심엔 항상 대장주가 있다. 이 대장주는 가장 먼저, 가장 강하게 그리고 가장 오래 움직인다. 그 흐름을 읽고 따라가는 것이 테마주 매매의 본질이다. 하지만 그 무엇보다 중요한 것은 철저한 계획과 감정 배제다.

테마는 강렬한 만큼 무섭다. 수익보다 손실을 방지하는 전략이 우선되어야 하고 급등에는 이성적인 판단이 필요하다. 만약 당신이 이 모든 준비가 되어 있다면 테마주는 그 자체로 시장에서 가장 흥미롭고 수익성 높은 기회가 될 것이다.

음봉을 사랑하고 분할 매수를 하면 양봉으로 보답한다

플스포의 실전 투자 수업 ❹

주식 시장에서 수익을 낸다는 것은 단순히 주가가 오르는 것을 기다리는 일이 아니다. 많은 투자자들이 양봉, 즉 주가가 오르는 날에만 기뻐하고 매수하려 하지만 진정한 기회는 오히려 그 반대에 숨어 있다. 우리가 흔히 두려워하는 파란색 음봉, 즉 하락하는 날들 속에 더 큰 가능성이 존재한다. 특히 테마주 장세처럼 특정 이슈가 시장을 강하게 이끌고 있을 때는 하락이 곧 조정이고, 조정은 곧 다시 한번 도약을 위한 준비일 수 있다. 그 안에서 우리는 중요한 진리를 하나 깨닫게 된다. 바로 음봉을 사랑하고 분할 매수를 하면 결국 시장은 양봉으로 보답한다는 사실이다.

이 개념을 조금 더 구체적으로 이야기하자면 주가가 급등한 후 조정을 거치는 과정에서 오히려 적극적으로 접근해야 한다는 것이다. 단, 아무 종목이나 그러면 안 된다. A급 테마의 대장주여야 한다. 시장이 살아 있을 때는 항상 새로운 테마가 형성된다. 정책, 산업 변화, 사회 이슈 등 다양한 촉매가 특정 분야를 자극하고, 그 안에서 수급이 집중되는 종목들이 나타난다. 그중에서도 거래량과 상승률, 뉴스 빈도 등 여러 면에서 중심에 선 종목이 대장주다.

이런 대장주는 단순한 일시적 급등으로 끝나지 않는다. 테마가 유지되는 한 눌림 후 다시 고개를 들고 재차 고점을 돌파하려는 흐름을 만들어낸다. 그 흐름의 시작은 대개 조정이다. 이 조정은 투자자에게 기회를 준다. 문제는 대부분의 사람들이 그 조정, 즉 하락을 견디지 못한다는 것이다. 하지만 조정 구간이 '피보나치 되돌림(Fibonacci Retracement)'이라는 기술적 분석 틀 안에서 해석될 수 있다면 얘기는 달라진다.

피보나치 되돌림은 주가가 급등하거나 급락한 후 일정 수준에서 되돌아오는 구간을 예측하는 도구다. 이 중 38.2%, 50%, 61.8% 구간은 투자자들의 심리가 집중되는 지점으로, 과거에도 수차례 되돌림이 나타났던 자리들이다. 강한 상승을 보였던 A급 대장주가 조정을 거치는 동안 이 피보나치 구간 근처에서 주가는 자주 멈추고, 다시 상승을 시도한다. 이는 단순한 우연이 아니다. 투자자들의 매수 대기 심리, 이익 실현 욕구 그리고 신규 매수세의 진입 지점이 이곳에서 맞물리기 때문이다.

여기서 중요한 것은 단순히 이 가격대가 오면 몰빵하듯이 전량

| 도표 5-7 | 피보나치 되돌림

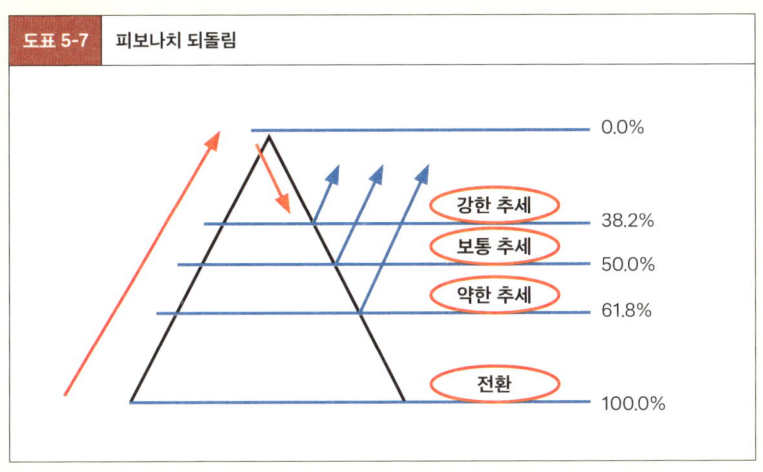

매수하는 것이 아니라 분할로 접근해야 한다는 것이다. 예를 들어 상승 전 저점이 1만 원이었고 고점이 1만 5,000원이었다면, 피보나치 0.382 되돌림 구간은 약 1만 3,090원, 0.5는 1만 2,500원, 0.618은 약 1만 1,910원이 된다. 이 구간들에서 각각 30%, 30%, 40% 비중으로 나누어 매수하면 평균 단가는 낮아지고 반등할 경우 손익분기점 도달이 빠르며 수익 구간도 넓어진다.

이런 전략은 생각보다 단순하지만 강력하다. 음봉을 두려워하는 대신 매매 기준을 정해두고 접근하는 것이다. 분할 매수는 손실을 피하기 위한 도구가 아니라 기회를 합리적으로 분산해서 잡기 위한 전략이다. 특히 A급 대장주는 상승 전환 시 거래량이 급증하고 장대 양봉이 등장하면서 시세 전환을 명확하게 보여준다. 이때 우리는 감정이 아닌 계획된 기준에 따라 수익을 실현하면 된다.

더 나아가 이 전략은 시장의 흐름을 타면서도 통제된 리스크 안에서 매매를 하게 해준다. 흔히 말하는 물타기와는 개념이 다르다. 물타기는 손실을 줄이기 위해 하는 경우가 많지만, 이 전략은 오히려 의도된 분할 진입을 통해 기회를 넓히는 것이다. 테마가 살아 있고, 대장주가 명확하며, 피보나치 구간에서 기술적 지지가 확인될 경우 우리는 자신 있게 눌림목을 사랑할 수 있다.

이때 가장 중요한 것은 기다림이다. 너무 빠르게 결과를 바라보면 조정 중 매수하고도 다시 하락하는 것에 불안함을 느끼고 손절하거나 포기하게 된다. 그러나 분할 매수는 결과적으로 시간을 사는 전략이다. 우리는 기다리면서 종목이 다시 반등할 기회를 마련해주고 시장이 돌아설 때 함께 올라탈 수 있다.

〈도표 5-8〉은 위에서 설명한 내용을 바탕으로, 오리엔트정공을 상승 1파동 눌림에서 매수한 뒤 상승 후 저항에서 매도한 매매 타점과 수익금이다.

매수 타이밍

기준 1: 상승 1파동 이후 눌림 구간

기준 2: A급 테마 대장주

매수 시점: 1차 분할 매수(38.2%), 2차 분할 매수(50%), 3차 분할 매수(61.8%)

도표 5-8 투자 사례: 오리엔트정공

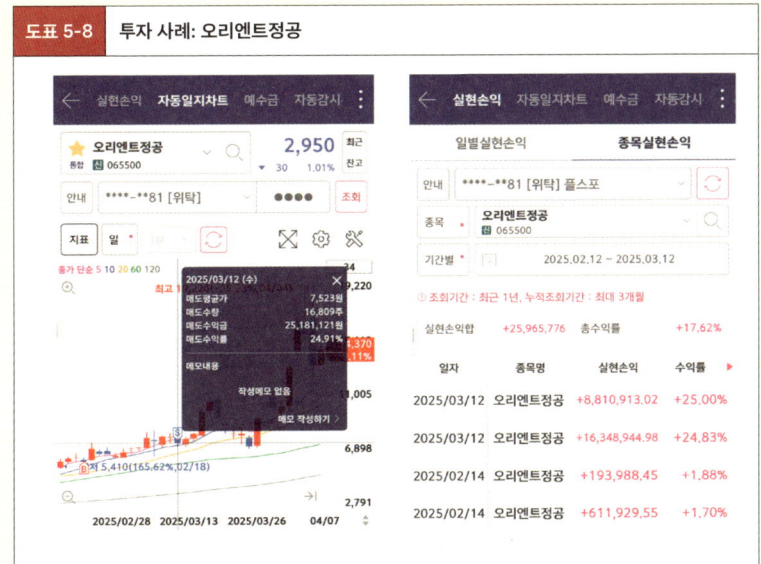

출처: 저자의 계좌 캡처

보유 기간 및 매도 타이밍

보유 기간: 일주일~한 달 (테마의 크기에 따라 달라짐)

목표 수익률: +7~30% (매집 이후 저항마다 분할 매도)

손절 기준: -8~-10% (3차 분할 매수 완료 이후)

 시장을 오래 지켜보면 알게 된다. 급등한 종목이 조정을 거치는 동안 누군가는 나가고 누군가는 들어온다. 진짜 수익을 내는 사람은 언제나 조정 중에 준비한 사람이다. 상승 중에 매수하면 리스크가 크고, 조정 중에 매수하면 리스크는 줄어든다. 단, 아무

때나가 아니라 테마가 살아 있고 대장주가 명확하며 피보나치 되돌림 구간에 도달했을 때가 그 타이밍이다.

결국 음봉을 사랑한다는 것은 조정을 받아들이고 시장의 리듬을 인정하며 준비된 매매를 실행에 옮긴다는 의미다. 분할 매수는 그 음봉에 질서를 부여하는 전략이고 피보나치 되돌림은 그 질서를 수치로 계산할 수 있게 해주는 도구다. 이 모든 것을 조합해 우리는 A급 테마 대장주의 눌림목을 기회로 바꿀 수 있다.

시장은 언제나 오르고 내리며 흐른다. 그리고 그 흐름 속에서 누군가는 음봉을 두려워하고, 누군가는 음봉을 기다린다. 결국 수익을 얻는 사람은 음봉을 사랑하고 분할 매수를 실천하며 상승이 시작될 때 양봉으로 보답받는 사람이다.

PART 6

기법 위에 관점

투자를 잘하려면 시장 읽는 법을 깨달아야 한다

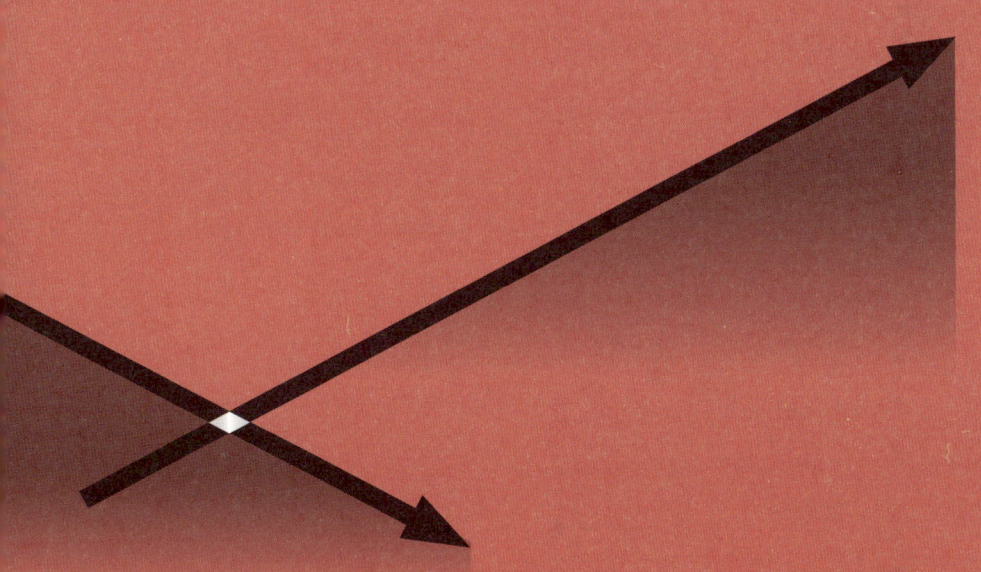

관점이 있어야
기법도 의미가 있다

처음 투자를 시작했을 때 나 역시 그랬다. 어떤 종목을 사야 할지, 언제 팔아야 할지, 차트는 어떻게 봐야 하는지 온통 기법에만 눈이 쏠렸다. 유튜브를 틀면 온갖 투자 전략과 차트 분석 방법이 쏟아져 나왔다. 마치 이 방법들만 따라 하면 손쉽게 돈을 벌 수 있을 것처럼 보였다. 실제로 짧은 기간 안에 수익이 나기도 했고, 그때는 정말 내가 뭔가를 잘하고 있다고 착각하기도 했다. 그런데 시간이 지날수록 그리고 실패를 몇 번 겪을수록 깨닫게 됐다. 정작 중요한 것은 기법이 아니라 '내가 시장을 어떻게 바라보느냐', 즉 관점이었다.

투자 기법은 마치 요리사의 칼이나 화가의 붓과 같은 도구다. 물론 칼이 없으면 요리를 못 하듯 투자에도 기법은 필요하다. 그런데 아무리 좋은 칼이 있어도 요리를 잘하려면 재료를 볼 줄 알아야 하고 맛의 균형을 이해해야 한다. 마찬가지로 아무리 고급스러운 차트 기법을 알아도 그 기업이 진짜 어떤 가치가 있는지, 지금 이 시장이 어떤 흐름인지 모르면 결국 수익을 꾸준히 낼 수가 없다. 특히 요즘은 AI나 알고리즘 트레이딩이 일반화되면서 단순한 기술적 분석으로는 더 이상 경쟁력이 없다. 개인 투자자가 단기 기술 지표 하나로 기관이나 퀀트(Quant) 시스템을 이길 수 있을까? 어렵다. 그래서 더더욱 본질을 꿰뚫는 관점이 중요해졌다.

관점이라는 말이 조금 추상적으로 느껴질 수도 있다. 하지만 간단히 말하자면 내가 시장과 기업을 어떤 기준으로 해석하고 판단하느냐, 그 틀을 말한다. 어떤 사람은 고점에서 떨어진 종목을 위험하다고 생각하지만 어떤 사람은 싸졌고 앞으로 좋아질 기업이라고 판단한다. 똑같은 정보를 두고도 결과는 정반대다. 이것이 바로 관점의 차이다. 내가 어떤 관점을 가지고 있는지 알기 위해선 몇 가지 질문을 해봐야 한다. 예를 들어 나는 어떤 기업에 투자하고 싶은가? 내가 생각하는 좋은 기업의 기준은 무엇인가? 나는 손실을 어느 정도 감당할 수 있는가? 단기 수익을 원하는가, 아니면 장기적으로 복리 성장을 원하는가? 이런 질문에 대한 답을 정리해나가다 보면 나만의 투자 철학이 만들어진다. 이것이 바로 관점이다.

한번은 이런 일이 있었다. 어떤 이슈로 시장이 크게 출렁였고 많은 사람들이 공포에 빠져 매도를 했다. 나도 처음엔 당황했지만 내가 투자한 기업들의 본질과 장기 흐름에 대한 확신이 있었기에 오히려 추가 매수를 할 수 있었다. 결과적으로 몇 개월 뒤에 주가는 다시 회복됐고 좋은 수익을 얻을 수 있었다. 이처럼 관점이 있다는 것은 단순히 아는 것이 아니라 시장이 요동칠 때 내가 어떻게 행동할지를 결정짓는 기준이 생긴다는 뜻이다. 기법은 타이밍을 잡아줄 수는 있지만 혼란 속에서 중심을 잡아주지는 못한다. 관점이 있어야 매수를 해도 이유가 있고 매도를 해도 후회가 없다.

같은 종목을 같은 시점에 샀어도 사람마다 수익률은 다르다. 누군가는 일찍 팔아버리고 누군가는 계속 가져가서 복리의 힘을 누린다. 누군가는 공포에 떠밀려 손절하고 누군가는 기회로 보고 담아낸다. 그 차이는 결국 관점에서 비롯된다. 나는 예전엔 남들을 따라 많이 움직였다. 유튜브에서 누가 추천하면 사보고 어떤 카페에서 글이 올라오면 따라 들어갔다. 결과는 대부분 좋지 않았다. 이유는 단순하다. 내 판단이 아니라 남의 관점을 빌려 투자했기 때문이다. 하지만 지금은 어떤 기업을 살 때도, 어떤 시장 상황을 마주할 때도 내 기준으로 해석하려고 한다. 그때부터 수익률도 심리적인 안정도 달라졌다.

많은 투자자들이 미래를 예측하려 한다. 금리가 오를지, 환율이 어떻게 될지, 전쟁이 날지 말지…. 물론 이런 것들이 투자에 영향을 미치는 것은 사실이다. 하지만 문제는 우리가 정확하게 예측할 수 없다는 점이다. 예측이 빗나갔을 때 큰 손실이 발생할 수 있다. 오히려 더 중요한 것은 해석하는 능력이다. 어떤 뉴스가 나왔을 때 그걸 어떻게 받아들이고 행동할지를 결정하는 것, 이것이 진짜 투자자의 능력이다. 예를 들어 미국이 금리를 동결했다는 뉴스가 나왔다고 하자. 어떤 사람은 악재라고 해석하지만, 다른 사람은 예상된 내용이니 시장에 큰 영향이 없을 것이라고 해석한다. 결국 이 뉴스 자체보다 중요한 것은 내가 어떻게 받아들이느냐, 즉 관점이다.

처음부터 관점을 뚜렷하게 가지고 있는 사람은 드물다. 나도 마찬가지였다. 초반엔 남들 말에 휘둘렸고 손해를 본 뒤에야 이런 식으로 하면 안 된다는 걸 깨달았다. 그러다 책을 읽고 기업 리포트를 보며 꾸준히 시장을 지켜보다 보니 점점 내 나름의 관점이 생기기 시작했다.

그렇게 몇 년이 지나니까 이제는 어떤 뉴스를 보면 '이건 시장의 과민 반응이구나' 또는 '이건 구조적인 변화일 수 있겠네' 하는 식의 판단이 빠르게 선다. 물론 여전히 실수도 하고 틀릴 때도 있다. 하지만 중요한 것은 매번 그 과정에서 관점이 조금씩 더 단단해진다는 것이다.

기법은 필요하다. 차트도 공부해야 하고 재무제표도 볼 줄 알아야 한다. 하지만 그것들이 전부는 아니다. 오히려 그것들을 어떻게 해석할 것인가가 진짜 중요하다. 이게 바로 관점이다. 관점이 있어야 기법도 의미가 생긴다. 그리고 관점은 단순한 지식이 아니라 경험에서 나오는 통찰이다. 실패도 겪어보고 고민도 하고 책도 읽고 시장을 관찰하면서 생기는 눈이다. 남이 준 답을 따라가기보다는 나만의 질문을 던지고 스스로 답을 찾아가는 과정에서 생기는 힘이다. 투자를 하다 보면 여러 갈래의 길을 만난다. 그때마다 방향을 알려주는 것은 기법이 아니라 관점이다. 기법 위에 관점이라는 사실을 잊지 말자.

돈의 흐름이
중요한 이유

큰 수익을 내려면 전체 시장의 거시적인 흐름과 추세를 파악해야 한다. 시장의 기본적인 주가 흐름을 알아야 크게 베팅도 할 수 있다. 그 흐름을 읽지 못할수록 투자에서 불리한 입장에 놓이게 된다.

주식에서 돈의 흐름이 중요한 이유는 결국 주가를 움직이는 본질적인 힘이 수급이기 때문이다. 수급은 수요와 공급, 즉 누군가 사고 싶어 하는 마음과 팔고 싶어 하는 마음이 만나는 지점에서 주가가 결정된다는 의미다. 이때 돈의 흐름은 수요를 뒷받침해주는 가장 강력한 요소로 작용한다. 돈이 어디서 와서 어디로 향하는지 어느 섹터에 몰리고 어느 종목에 집중되는지를 파악하는 것이 곧 투자에서 기회를 찾는 핵심이 되는 이유다.

주식 시장은 단순한 경제 지표의 반영 그 이상이다. 수많은 정보, 감정, 정책, 금리, 유동성 등의 요인이 시장 참여자의 행동에 영향을 미치며 결국 그 모든 것은 '돈이 어디로 흐르고 있는가'라는 질문으로 귀결된다. 예를 들어 금리가 인상되면 채권 시장으로 돈이 이동할 가능성이 높아지고, 반대로 금리가 낮아지면 주식 시장으로의 자금 유입이 증가할 수 있다. 즉 전체적인 시장 환경을 해석하는 데 있어서도 돈의 흐름은 우선적으로 고려해야 할 기준이 된다.

특히 테마주나 성장주, 바이오, AI, 2차전지 등과 같이 특정 섹터에 투자할 때는 왜 갑자기 이 종목들이 오르는가를 이해하는 것이 중요하다. 실적이 아직 없는 기업도 기대감 하나로 급등할 수 있는 것이 바로 주식 시장이다. 이때 주가를 끌어올리는 힘은 실적도 아니고 뉴스도 아니며 바로 자금이다. 누군가가 집중적으로 그 섹터에 돈을 투입하고 기관이나 외국인, 대형 자금이 그 흐름에 동참하면 순식간에 주가가 폭등할 수 있다. 따라서 돈의 흐름을 놓치면 주식 시장의 핵심 동력을 놓치는 것과 같다고 할 수 있다.

실제로 많은 투자 고수들이 강조하는 부분이 바로 이 돈의 흐름을 읽는 기술이다. 기술적 분석을 하든 가치 투자를 하든 결국 마지막에 주가를 움직이는 것은 그 시점에 그 자산을 사려는 돈이 있느냐다. 아무리 가치 있는 기업이라도 시장의 관심과 자금이 없다면 오랜 기간 저평가 상태로 머물 수 있고, 반대로 미래 실적이 불확실한 기업이라도 돈이 몰리면 단기간에 몇 배씩 상승할 수 있다. 이는 주식 시장이 항상 합리적으로만 움직이지 않는다는 증거이며 그 흐름의 중심에는 돈이 자리 잡고 있음을 보여주는 것이다.

돈의 흐름을 분석할 수 있는 여러 도구가 존재한다. 대표적으로는 거래량, 거래 대금, 외국인과 기관의 순매수 동향, 공매도 잔고, ETF 자금 유입 흐름, 특정 산업군의 자금 집중도 등을 통해 파악할 수 있다. 특히 거래 대금은 해당 종목이나 시장의 관심도를 반영하는 지표로 일정 기간 동안 급격히 증가한 거래 대금은 해당 자산에 수급이 몰리고 있음을 보여주는 것이다. 여기에 차트 분석을 병행하면 어느 구간에서 매수세가 집중되고 있는지를 시각적으로 확인할 수 있다. 이는 단기 매매뿐 아니라 중장기 투자 전략에도 유용하게 활용되는 것이다.

돈의 흐름은 때때로 정책과 정부 방향성과도 맞물려 움직인다. 예를 들어 정부가 디지털 전환, 친환경 에너지, 반도체 산업 등을 육성하겠다는 발표를 하면 관련 테마에 자금이 몰리게 된다. 이러한 정책 수혜주는 실적보다도 기대감으로 주가가 먼저 움직이는 경우가 많기 때문에 선제적으로 돈의 흐름을 읽고 대응하는 것이 중요하다. 앞서 강조했듯이 이때는 정책 테마라는 큰 흐름 안에서 어떤 종목이 대장 역할을 하는지를 보는 것도 중요하다. 대장주는 항상 자금이 집중되는 중심축이며 대장주의 주도성이 꺾일 때는 해당 테마의 수급도 약해졌다는 의미가 되는 것이다.

돈의 흐름은 단기적인 투자뿐 아니라 장기 투자에서도 핵심 개념이다. 아무리 장기적 성장이 확실한 기업이라도 중간에 유동성 위기나 시장 전체의 매도 압력 속에서 투자자들이 그 기업의 주식을 팔고 나가면 주가는 하락할 수밖에 없다. 장기 투자자 역시 매수 시점, 추가 매수 타이밍, 리스크 관리에 있어서 돈의 흐름을 고려해야 하는 이유다. 장기적 성장성과 단기적 수급을 동시에 바라볼 수 있을 때 보다 안정적이고 효율적인 투자 전략을 세울 수 있는 것이다.

또한 개인 투자자가 특히 주의 깊게 봐야 할 것은 세력의 돈 흐름이다. 이른바 큰손이라 불리는 기관, 외국인, 주요 투자자들의 매매 패턴을 파악하는 것은 시장의 흐름을 예측하는 데 매우 유용하다. 이들은 정보력, 자금력, 조직력을 기반으로 주가를 주도하는 경우가 많기 때문에 그들의 움직임을 추적하는 것만으로도 방향성을 읽을 수 있다. 물론 그들의 매매가 항상 성공적인 것은 아니지만 방향성을 만드는 데 있어서 일정한 영향을 준다는 점은 분명하다.

돈의 흐름은 주식 시장의 생명선과 같다. 정보, 뉴스, 실적, 테마, 감정, 정책 등 다양한 요소들이 혼합된 시장에서 가장 명확하게 드러나는 지표가 바로 '돈이 어디로 향하고 있는가'다. 이 흐름을 제대로 읽는 사람은 시장을 이해하고 기회를 잡고 리스크를 회피하며, 궁극적으로 수익을 얻을 가능성이 높아진다.

투자 사고력을 키워주는 경제신문

필자는 신문을 7년 동안 읽고 있다. 깡통을 차고 나서 '내게 부족한 게 무엇일까?'라는 질문을 던졌고 경제에 대해 너무 모른다는 게 답이었다. 그 후 경제신문을 보기 시작했고 경제노트를 만들었으며 중요한 기사는 스크랩하기 시작했다.

경제신문은 단순히 주식 시장 뉴스만 다루는 것이 아니다. 세계 주요 국가의 금리 정책, 환율 변화, 원자재 가격 동향, 각종 산업별 트렌드, 벤처 생태계의 성장 상황, 기술 기업들의 전략, 심지어는 정치적 결정이 경제에 미치는 영향까지 광범위하게 다룬다. 이처럼 다양한 주제를 정리해주는 경제신문을 통해 우리는 시장의 현재 위치를 가늠하고, 향후 변화의 방향성을 예측할 수 있는 힘을 기를 수 있다. 그것이 곧 투자 인사이트다.

경제신문을 꾸준히 읽는다는 것은 단순한 정보 축적 이상의 의미를 가진다. 정보를 해석하고 연결하는 능력, 즉 통찰력(insight)을 키우는 과정이기 때문이다. 예를 들어 반도체 수출이 늘고 있다는 기사를 본 투자자라면 삼성전자나 하이닉스에 관심을 가질 수도 있을 것이다. 여기서 더 나아가, 경제신문을 자주 접한 사람은 그 흐름이 장비, 부품, 소재 산업까지 확산될 수 있다는 시각을 가질 수 있다. 이러한 연결 사고는 남들보다 한발 앞서 좋은 투자 기회를 포착하는 데 중요한 역할을 한다.

경제신문은 또 각종 인터뷰, 칼럼, 해설 기사를 통해 전문가들의 관점을 제공한다. 시장을 수십 년 경험한 투자자, 금융 전문가, 기업 CEO의 생각은 단순한 데이터보다 더 깊은 의미를 담고 있다. 특히 이런 글들은 숫자 이면에 있는 사람들의 심리, 전략, 의도를 이해하는 데 도움을 준다. 숫자는 같아도 해석은 다를 수 있다. 같은 금리 인상 뉴스도 어떤 이는 부정적으로, 어떤 이는 중립 또는 긍정적으로 해석할 수 있다. 그 차이는 바로 사고의 깊이에서 나오며 경제신문은 그 사고의 깊이를 넓혀주는 역할을 한다.

경제신문을 읽을 때 중요한 것은 단순히 기사 제목만 훑는 것이 아니라 왜 이런 일이 발생했고, 앞으로 어떤 영향을 미칠 것인가를 스스로 질문하며 읽는 태도다. 처음에는 어렵고 생소한 용어도 많지만 꾸준히 접하다 보면 자연스럽게 구조가 잡히고, 흐름이 보이기 시작한다. 주식, 부동산, 채권, 암호화폐, 원자재 시장 등 다양한 자산군의 움직임이 서로 얽혀 있다는 것을 인식하게 되고 이는 곧 투자 판단의 정교함으로 이어진다.

특히 산업 구조의 변화나 신성장 산업에 대한 기사는 투자 인사이트를 기르는 데 매우 유용하다. 예컨대 경제신문에서 AI 반도체 시장의 급성장에 대한 기사를 읽고, 거기서 언급된 기술 트렌드와 수요 전망을 이해하면 자연스럽게 관련 기업이나 상장 종목으로 관심이 옮겨가게 된다. 이는 단순한 단타가 아닌, 근거 있는 중장기 투자로 연결되는 좋은 출발점이 된다.

또한 경제신문은 세계 경제 흐름을 이해하는 데 필수적인 자료다. 특히 미국의 연방준비제도(Fed. 연준) 정책, 중국의 경기 부양책, 유럽의 인플레이션 대응, 신흥국 통화 위기 등은 한국 증시에 직접적인 영향을 미친다. 이러한 글로벌 이슈를 제때 파악하고 대응하는 것은 단기 급등락에 덜 휘둘리고 안정적인 투자 전략을 세우는 데 큰 도움이 된다. 글로벌 자산 배분, 해외 ETF 투자, 환율 리스크 관리 등도 경제신문을 통해 틀을 잡을 수 있는 영역이다.

경제신문을 읽을 때 추천하는 방법은 아침마다 1면부터 경제, 산업, 증권, 국제면 순으로 읽되 타이틀 위주로 훑어보는 것이다. 주요 기사와 사설은 메모하거나 요약해보고, 일주일 단위로 어떤 흐름이 지속되고 있는지를 되짚어보면 경제 감각이 확연히 달라진다. 특히 반복적으로 등장하는 키워드나 산업, 기업에 주목하자. 이는 시장이 주목하고 있다는 강력한 신호이며 여기서 투자 아이디어가 발굴되는 경우가 많다.

경제신문은 단순히 읽는 것에서 끝나는 것이 아니라 읽고 생각하고 정리하는 과정을 거쳐야 비로소 인사이트로 전환된다. 이 과정은 시간이 걸리지만 그만큼 탄탄한 실력이 쌓이게 된다. 실제로 많은 성공한 투자자들이 경제신문을 읽는 습관이 인생을 바꿨다고 말한다. 그만큼 꾸준함과 몰입이 중요하다. 하루에 20분이라도 경제신문을 정독하는 습관은 시간이 흐를수록 복리처럼 쌓여 투자 성과로 이어지게 된다.

경제신문의 또 다른 장점은 변화를 빠르게 감지할 수 있다는 점이다. 주식 시장은 늘 선반영하는 속성이 있다. 정책 발표, 기업 실적, 사회 트렌드 등이 기사로 보도될 때 그것이 이미 주가에 일부 반영된 경우도 많지만, 앞으로 그 흐름이 이어질지 꺾일지는 경제신문을 꾸준히 읽은 사람만이 체감할 수 있다. 이는 단순히 한 종목을 매수, 매도하는 기술적 매매보다 훨씬 근본적이고 지속 가능한 투자 능력을 만들어준다.

경제신문을 통해 배우는 것은 단순한 투자 기술이 아니라 생각하는 힘이다. 오늘의 뉴스가 단기적 변동성인지, 구조적인 변화의 시작인지 구별할 수 있는 안목을 갖는 것. 이를 통해 급등락에 흔들리지 않고 중심을 잡을 수 있는 투자자가 될 수 있다. 또한 경제신문을 기반으로 한 정보 탐색은 스스로 공부하는 능력을 키우게 하며 시장을 스스로 해석하는 자신감을 만들어낸다.

경제신문은 투자자의 눈을 뜨게 하고, 사고를 깊게 하며, 기회를 미리 감지하게 해주는 가장 강력한 훈련 도구다. 매일 경제신문을 읽고 핵심을 정리하고 트렌드를 꿰뚫는 습관을 들인다면 어떤 시장 상황에서도 흔들리지 않는 투자 인사이트를 갖게 될 것이다.

생활 속에서 찾는 투자 아이디어

투자를 하면서 생활 속에서 발굴한 기업이 여러 개 있었다. 카카오, 휠라코리아, 종근당 홀딩스 등의 경우 내가 직접 쓰고 입고 먹는 것에서 인사이트를 얻어 투자로 이어졌다. 한 가지 예를 들면 과거에는 주로 건강기능식품으로 홍삼만 먹었지만, 어느 순간 나를 포함해 사람들이 유산균을 많이 섭취한다는 것에 인사이트를 얻어 종근당 홀딩스라는 기업을 분석하게 된 것이다. 그러고는 그 기업의 경우 공장이 잘 돌아가고 매출과 영업이익이 계속 상승 중이라는 걸 재무제표로 파악할 수 있었다.

이렇게 생활 속에서 투자 인사이트를 찾는 것은 많은 성공 투자자들이 공통적으로 실천하는 방법이다. 이 방법은 특별한 기술이나 지식보다도 관찰력과 호기심에서 출발한다. 주변에서 일어나는 소비 패턴의 변화, 유행의 흐름, 새로운 서비스의 등장, 기업의 광고 전략, 친구나 가족이 자주 사용하는 앱이나 제품 등 모든 일상 속 요소가 투자 아이디어의 씨앗이 될 수 있기 때문이다. 우리가 매일 접하는 삶의 현장은 사실 시장의 축소판이며, 여기에 민감하게 반응하는 것이 곧 인사이트를 키우는 출발점이다.

소비 트렌드는 가장 대표적인 생활 속 투자 인사이트의 원천이다. 우리가 자주 가는 카페, 마트, 백화점, 편의점 등에서 어떤 상품이 잘 팔리는지 유심히 살펴보자. 예를 들어 커피전문점에서 어느 브랜드 음료가 줄이 길고 그것이 SNS에서 화제가 되고 있다면 해당 브랜드를 보유한 기업이나 관련 원자재 기업에 대한 투자를 고려할 수 있다. 또한 유아용품, 건강기능식품, 반려동물 관련 제품 등 특정 상품군의 수요가 늘고 있다는 사실은 해당 산업의 성장 가능성을 보여주는 중요한 힌트가 되기도 한다.

실제로 많은 유명 투자자들은 아내나 자녀가 좋아하는 제품에서 투자 영감을 받았다고 말한다. 워런 버핏 역시 아메리칸 익스프레스에 투자하게 된 계기가 사람들이 특정 신용카드를 고수하는 소비 습관을 접했기 때문이라고 밝힌 바 있다. 이처럼 투자는 멀리 있는 것이 아니라 가까운 가족의 행동, 주변인의 선택에서 출발할 수 있다. 이는 숫자나 차트를 보기 전에 시장을 이해하고 판단하는 감각을 기르는 데 큰 도움이 된다.

둘째로는 기술의 변화와 그에 따른 생활의 변화에 주목하는 것이다. 예를 들어 스마트폰 사용이 일반화되면서 앱 기반 서비스가 급격히 늘었다. 배달 앱, 모빌리티 앱, 간편 결제, 쇼핑 플랫폼 등은 단순한 앱이 아니라 거대한 기업 생태계의 일부다. 우리는 이 앱들을 거의 매일 사용하며 익숙해졌지만 이것이 투자자의 시선에서는 기업의 성장성과 시장 점유율을 판단할 수 있는 지표가 된다. 실제로 많은 플랫폼 기업들이 상장하면서 큰 주목을 받았고, 초기부터 이들의 성장을 체감한 투자자들은 높은 수익을 얻을 수 있었다.

이와 함께 구독 서비스의 확산도 중요한 생활 변화 중 하나다. 넷플릭스, 멜론, 쿠팡, 스마트러닝, 클라우드 스토리지 서비스 등은 한 번 결제하면 장기적으로 유지되는 특징을 가진다. 이는 기업 입장에서는 꾸준한 매출을 확보할 수 있다는 의미이며, 투자자 입장에서는 안정적인 수익 모델을 가진 기업에 투자할 수 있다는 뜻이다. 소비자로서 느끼는 편리함과 만족감은 기업의 지속 가능성과 연결되며, 이는 곧 투자 아이디어로 발전할 수 있다.

셋째는 사회적 변화와 인구 구조, 생활 방식의 전환을 살피는 것이다. 고령화, 1인 가구 증가, 친환경 트렌드, 재택근무와 같은 변화는 우리 삶에 점진적으로 스며들며 산업 구조 자체를 바꾸고 있다. 예를 들어 고령화가 심화되면서 요양 산업, 헬스케어, 시니어 금융 서비스, 간편식 시장이 커지고 있고 1인 가구의 증가는 가전제품, 가구, 밀키트 산업의 수요로 이어지고 있다. 이처럼 구조적인 변화는 단기 테마가 아닌 중장기적 투자 인사이트를 제공하며, 이를 생활 속에서 먼저 감지하는 것이 중요하다.

넷째는 불편함 속에 기회를 보는 것이다. 사람들이 불편하다고 느끼는 점을 해결하려는 시도는 언제나 새로운 시장을 만든다. 예를 들어 과거에는 주차가 불편하다는 문제에서 시작된 주차 앱, 예약 시스템, 전기차 충전 플랫폼 등이 새로운 투자처로 성장했다. 택배 불편함을 해소한 무인 보관함, 병원 예약 앱, 실시간 배송 플랫폼 역시 같은 맥락이다. 우리가 일상에서 겪는 사소한 불편함이 어떤 스타트업의 사업 아이템이 되고 그 기업이 상장하거나 M&A 대상이 될 수 있다는 점에서, 불편함은 곧 기회의 씨앗이라 할 수 있다.

다섯째는 자녀나 청소년의 생활과 소비 습관을 관찰하는 것이다. 젊은 세대는 새로운 소비 트렌드의 선두주자이며 그들이 좋아하고 몰입하는 콘텐츠, 게임, 브랜드, SNS 플랫폼은 시간이 지나 주류로 성장할 가능성이 높다. 예를 들어 틱톡은 한때 10대의 전유물로 여겨졌지만 지금은 글로벌 콘텐츠 트렌드를 바꾸는 플랫폼이 되었으며, '로블록스'나 '마인크래프트' 같은 게임도 단순 게임을 넘어 메타버스 생태계의 기반으로 떠올랐다. 이처럼 미래를 살아갈 세대의 행동을 주의 깊게 살피면 투자 기회를 앞서 잡을 수 있다.

여섯째는 반복적으로 보이는 것을 주목하는 습관이다. 생활 속에서 자주 보이는 브랜드, 광고, 제품, 앱은 시장에서 이미 대중성을 확보했거나 그 가능성을 가지고 있는 경우가 많다. 예컨대 길거리에서 자주 보이는 배달 로고, 점점 늘어나는 전기차 충전소, 지하철 광고로 도배된 앱 서비스 등은 시장의 변화 방향을 알려주는 신호다. 이를 기업명으로 연결하고, 실적과 주가를 분석하며, 산업 전체 흐름 속에서 그 위치를 파악한다면 생활 속 관찰이 투자로 이어지는 매우 실질적인 방법이 된다.

이러한 생활 기반의 투자 인사이트는 특히 장기적 관점에서 매우 강력한 힘을 발휘한다. 매출, 영업이익, PER 같은 숫자도 중요하지만 시장을 이해하고 기업이 실제로 고객에게 어떤 가치를 주는지 아는 것은 근본적인 투자 판단 기준이 된다. 이를 바탕으로 우리는 단기 이슈에 흔들리지 않고 가치 있는 기업을 오랜 시간 보유할 수 있는 자신감을 얻게 된다. 이 역시 생활과 투자가 하나로 연결되어 있을 때 가능한 일이다.

결국 생활 속 투자 인사이트란 시장을 데이터나 차트로만 보는 것이 아니라 삶 자체에서 느끼고, 발견하고 해석하는 능력에서 출발한다. 우리가 보고, 듣고, 느끼는 모든 것에는 변화의 조짐이 담겨 있으며, 그것을 빠르게 감지하고 기업이나 산업과 연결 짓는 습관이 투자자의 안목을 만들어준다. 특별한 학력이 없어도, 금융 자격증이 없어도, 매일 생활하는 사람이라면 누구나 가질 수 있는 힘이 바로 이 생활 관찰력이다. 그리고 이 관찰력은 투자 성과를 넘어 세상을 보는 시야를 넓혀주는 소중한 자산이 되는 것이다.

생활은 곧 시장이며 삶의 변화는 곧 자본의 흐름을 만든다. 그러므로 생활 속에서 투자 인사이트를 찾는 것은 가장 현실적이고 지속 가능한 투자 공부의 시작점이며, 나아가 미래의 기회를 누구보다 먼저 포착할 수 있는 눈을 키워주는 지름길이다.

테마를 읽는
투자 관점

앞서 테마주에 대해 전반적으로 짚어봤는데, 이번에는 투자 관점에 집중해 다시 한번 테마에 대해 풀어보려 한다. 테마 속에서 찾는 투자 인사이트는 단순한 트렌드를 좇는 것이 아니라 시장의 기대감, 정책 방향, 산업의 변화, 자본의 흐름을 읽어야 한다. 테마주는 일반적으로 단기 급등락이 심하고 때로는 실체 없는 기대감에 휩쓸리는 경우도 있지만, 그 속에는 시장의 현재와 미래를 가늠할 수 있는 단서들이 숨어 있다. 단기적인 수익을 노리는 투자자뿐 아니라 중장기적인 성장을 바라보는 투자자에게도 테마는 반드시 이해해야 할 핵심 개념이다.

테마는 시장에서 주목하고 있는 공통된 관심사나 핵심 키워드를 말한다. 예를 들어 AI, 반도체, 친환경 에너지, 전기차, 메타버스, 고령화, 우주 산업, 원전, 로봇 등은 최근 몇 년간 반복적으로 시장을 흔들어온 테마들이다. 이런 테마는 뉴스, 정책 발표, 기업의 신제품, 사회 변화, 기술 혁신 등과 연결되며 투자자들의 기대 심리를 자극하고 수급을 불러온다. 결국 테마는 자본이 몰리는 스토리를 만들어내는 장치라고 할 수 있다.

테마는 이야기를 가진 주식이다. 그리고 사람들은 언제나 이야기가 있는 곳에 관심을 가진다. 중요한 것은 이 이야기의 지속성이다. 단발성 테마인지, 구조적인 흐름을 가진 장기 성장 테마인지 구별할 줄 알아야 한다. 예를 들어 선거 테마주는 짧은 주기로 끝나지만 전기차나 AI는 향후 10년 이상 지속 가능한 성장 동력을 갖춘 구조적인 테마다. 이런 구조적인 테마 안에서 투자 아이디어를 찾는 것이 훨씬 강력한 인사이트가 된다.

테마 투자의 핵심은 '왜 지금 이 테마가 시장에서 주목받는가?'라는 질문에 답하는 것이다. 예를 들어 2차전지 관련주는 단순히 전기차 수요 증가만으로 오른 것이 아니다. 전 세계적인 탄소 중립 정책, 배터리 원자재 수급 불균형, 에너지 저장 장치 확대라는 배경이 결합되면서 시장의 기대감을 증폭시킨 결과다. 이처럼 테마의 배경을 이해해야 진짜 투자 인사이트로 이어질 수 있다. 단순히 가격이 오른 종목을 따라가기보다는 왜 이 테마가 형성됐으며, 앞으로 얼마나 지속될 수 있는가를 보는 눈이 중요하다.

테마는 정책과 깊은 관련이 있다. 이를테면 한국 정부가 우주항공청을 신설하고 우주 산업을 적극적으로 지원한다고 발표하면 곧바로 관련 기업들에 관심이 집중된다. 마찬가지로 미국 정부가 AI 산업에 대규모 자금을 투입하겠다고 하면 전 세계 자금이 해당 분야로 몰린다. 정책은 가장 강력한 테마 생성 장치이며, 정부 발표 전후로 나타나는 흐름의 변화에 민감해야 한다.

또한 거듭 강조하지만, 테마 안에서도 대장주를 찾는 것이 매우 중요하다. 대장주를 찾는 능력은 결국 테마 속 투자 인사이트를 실전 수익으로 연결해주는 핵심 기술이다.

테마 안에서는 기대감과 실적의 균형도 중요하다. 초기에는 기대감만으로 급등할 수 있다. 하지만 시간이 지나면 시장은 실적을 요구한다. 실제 매출과 수익이 발생하지 않는 기업은 결국 테마 소멸과 함께 급락한다. 따라서 테마가 부각되었을 때는 1) 스토리가 있고, 2) 수급이 몰리고 있으며, 3) 실적이 따라줄 가능성이 있는 기업을 선별해야 한다. 이런 종목은 단기 급등 후에도 중장기적으로 상승 여력이 남아 있을 수 있다.

또한 여러 테마가 중첩되는 교차점에 주목해야 한다. 예를 들어 AI+반도체, 원전+수소, 로봇+고령화 등 두 개 이상의 테마가 동시에 작용하는 종목은 시장에서 더 강한 주목을 받을 수 있다. 이런 기업은 다양한 뉴스에 반응하고 여러 투자자의 관심을 받으며 상승 추세가 오래 지속될 가능성이 크다. 테마의 교차점은 결국 미래 산업의 융합 지점이며 이곳이야말로 진짜 인사이트가 필요한 영역이다.

테마는 신선함도 중요한 요소다. 시장은 늘 새로움을 원한다. 이미 많이 오른 테마보다 아직 부각되지 않았지만 조짐이 보이는 테마에 주목해야 한다. 예를 들어 우주 산업, 로봇 자동화, AI 에이전트, 양자컴퓨팅, 정밀 의료, 스마트팜 등은 아직 초입이지만 향후 5년 이상 성장할 수 있는 테마다. 시장보다 한발 앞서 이 테마들을 연구하고 관련 기업을 분석해두면 향후 큰 기회를 잡을 수 있다. 테마를 미리 공부하고 기다리는 것이야말로 투자자의 인내력과 통찰력을 보여주는 작업이다.

테마는 결국 자금의 흐름, 뉴스의 흐름, 투자자의 기대가 만들어낸 시장 심리의 응집체. 그 속에서 기회를 포착하려면 단기 변동성에 휘둘리지 않고 그 테마가 시장에 미치는 영향력과 지속 가능성을 입체적으로 분석할 줄 알아야 한다. 또한 테마가 실제 산업 변화와 연결되어 있는지, 실체 있는 기업이 거기에 포함되어 있는지를 판단하는 안목이 필요하다.

테마 속에서 투자 인사이트를 찾는다는 것은 단순히 유행을 따라가는 것이 아니라 미래 산업의 방향을 미리 읽고, 변화의 중심에서 자리를 잡는 것이다. 시장은 언제나 이야기와 흐름에 반응하며 테마는 그 이야기를 가장 선명하게 보여주는 수단이다. 테마의 겉이 아니라 속을 들여다보고 단기 이슈가 아닌 장기 구조를 해석하며 기대감과 실적의 균형을 갖춘 기업을 찾아내는 투자자가 결국 시장의 주인공이 된다. 테마는 움직이고 사라지지만 테마 속 인사이트는 오래도록 투자자의 무기가 된다.

SK바이오팜 상장 기대감으로 매매한 SK

플스포의 실전 투자 수업 ⑤

2020년 초 국내 증시는 코로나19라는 전례 없는 충격 속에서 극심한 변동성을 보였다. 많은 투자자들이 공포에 휩싸여 주식을 던지던 시기였지만 위기 속에서도 기회를 찾고 있었다. SK그룹의 신약 개발 자회사인 SK바이오팜의 상장을 주목했다. SK바이오팜은 뇌전증 치료제 '엑스코프리'와 수면 장애 치료제 '솔리암페톨'을 미국 시장에 출시하며 글로벌 제약 시장에 본격 진출하고 있었고, 특히 '엑스코프리'는 미국 FDA 승인을 받은 국산 신약으로 상징성이 컸다. 제약바이오업계에서는 상장만으로도 엄청난 시가총액을 기록할 것이라며 SK바이오팜에 대한 기대감이 증폭되고 있었다.

문제는 SK바이오팜이 상장 전 비상장사였기 때문에 일반 개인 투자자가 직접 투자할 방법이 없었다는 점이다. 그러나 이때 지주사 투자 전략을 떠올렸다. SK바이오팜의 지분 100%를 보유하고 있는 지주사인 SK를 매수하면 상장 후 시가총액에 따라 지주사의 가치가 재평가될 수 있다는 계산이었다. 실제로 당시 증권가에서도 SK바이오팜 상장 시 SK의 숨겨진 가치가 부각될 것이라는 리포트가 나오고 있었고 시장에서는 이를 지주사 디스카운트 해소 테마로 해석했다.

2020년 4월 코스피 지수가 1,500~1,600선으로 급락해 있을 때 SK의 주가가 10만 원 초반까지 떨어진 것을 확인했다. 평소 같으면 SK의 내재 가치는 지주사 보유 계열사 지분 가치만 따져도 30만 원 이상이라는 평가가 있었기 때문에 이미 가격 메리트가 충분하다고 판단했다. 여기에 SK바이오팜 상장 기대감이 더해진다면 주가는 충분히 두세 단계 점프할 수 있다는 전략적 확신을 가졌다. 15만 원대부터 1억 원 규모로 분할 매수를 시작했고 불과 두 달 만에 평균 매입 단가는 19만 원 수준에서 안정화되었다.

시간은 2020년 7월로 흘렀고 드디어 SK바이오팜 상장일이 다가왔다. 상장 전부터 청약 경쟁률은 300:1을 넘어섰고 기관 수요 예측도 뜨거웠다. 공모가가 4만 9,000원으로 확정된 후에도 상장일 '따상'(시초가 2배 형성 후 상한가)을 기대하는 투자자들이 몰려들었다. 상장 당일 SK바이오팜은 예상을 깨지 않고 시초가 9만

8,000원에 출발해 곧바로 상한가를 기록했다. 그리고 며칠 연속 상한가를 기록하며 단숨에 시가총액 10조 원을 넘어섰다.

시장 참여자들은 곧바로 SK의 지분 가치 재평가에 주목했다. SK가 보유한 SK바이오팜 지분만 해도 장부가 대비 수조 원의 평가 차익이 발생했고 시장은 이를 빠르게 주가에 반영했다. 불과 몇 달 만에 SK의 주가는 10만 원대에서 30만 원을 돌파했고 계좌에는 약 6,000만 원의 평가 이익이 쌓여 있었다. 욕심을 부리지 않고 SK바이오팜이 상장하기 2주 전부터 SK 지분을 분할 매도하기 시작했다. 평균 매도가 약 30만 원 초반, 총 투자금 1억 원 대비 약 6,000만 원의 수익을 확정할 수 있었다.

이 과정에서 중요한 점은 단순히 운에 맡긴 투자가 아니라 기업 가치와 구조를 이해한 전략적 투자였다는 것이다. SK바이오팜이 직접 상장되면 지주사 SK의 숨겨진 자산 가치가 시장에 드러날 것이라는 재평가 시나리오를 기반으로 한 판단이었다. 또한 시장이 공포에 빠져 있을 때 저평가된 지주사 주식을 매수하고 대중의 관심과 기대가 최고조에 달했을 때 차익 실현에 나선 것은 전형적인 역발상 투자+일정 매매 전략의 성공 사례였다.

결과적으로 불과 2주 만에 6,000만 원의 수익을 올리며 지주사 투자 전략과 일정 매매의 묘미를 몸소 체험했고, 이 경험을 통해 단순히 기업의 본질 가치뿐만 아니라 시장 기대감과 심리 그리고 상장 일정 이벤트의 파급력이 주가에 미치는 영향을 깊이

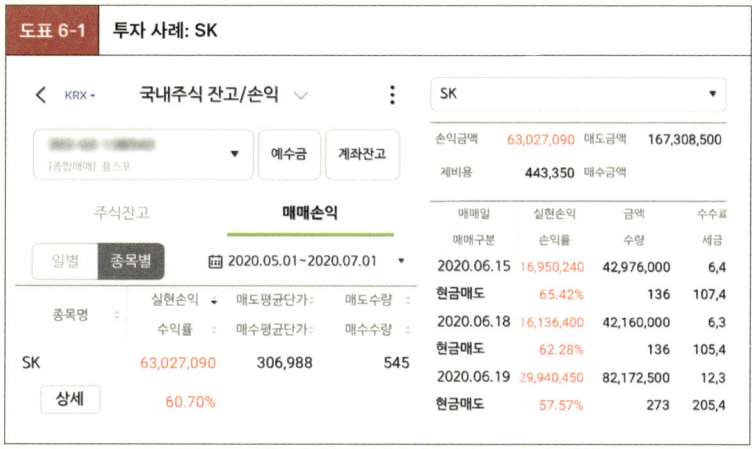

출처: 저자의 계좌 캡처

이해하게 되었다. 이후 투자에서도 이러한 경험을 바탕으로 전략적 접근을 이어갈 수 있었다. 결국 2020년 SK바이오팜 상장을 앞둔 시점에서 SK를 매수해 6,000만 원의 수익을 얻은 과정은 SK지주사에 대한 철저한 분석과 SK바이오팜 상장 일정 타이밍 그리고 시장 심리 이해가 어우러진 투자 성공 사례이자 관점이 만든 수익의 결과물이다.

PART 7

고수로 향하는 마지막 관문

투자를 대하는 마인드와 자세가 중요하다

종목 선정과 매매 시 주도적으로 판단하자

종목 선정과 매매 시 주도적으로 스스로 판단하자는 말은 단순한 투자 원칙이 아니라 투자자의 독립된 사고를 요구하는 깊은 메시지다. 주식 시장에서 수많은 정보가 넘쳐나는 시대, 전문가의 추천, 유튜브의 종목 분석, 뉴스 기사, SNS의 급등주 이야기까지 우리는 매일 누군가의 말에 흔들릴 수밖에 없는 환경에 놓여 있다. 그러나 투자라는 행위는 근본적으로 자기 책임의 영역이다. 수익이 나면 기쁘고 손실이 나면 고통스럽다. 이 모든 결과는 결국 자신의 결정에 따라 움직이는 것이기 때문에 종목 선정과 매매 타이밍만큼은 타인의 말이 아닌 나 자신의 분석과 확신을 바탕으로 이뤄져야 한다는 원칙이 무엇보다 중요하다.

우선 스스로 판단하지 못하는 투자자는 항상 시장의 소음에 흔들린다. 누군가가 이 종목은 곧 상한가 간다고 하면 따라 사고, 반대로 곧 폭락할 수 있다는 말 한마디에 겁을 먹고 던져버린다. 이런 투자는 지속 가능하지 않다. 수익이 나도 운에 불과하고 손실이 나면 누구를 탓할 뿐이다. 이처럼 타인의 의견에 의존하는 투자는 주체 없는 투자이며 결국 시장이 아닌 사람을 좇다가 방향을 잃게 된다.

주도적인 투자란 무엇인가? 그것은 자신이 왜 이 종목을 선택했는지, 어떤 이유로 매수했고 어느 시점에서 매도할지를 명확히 알고 있는 상태를 말한다. 그리고 그 판단의 기준은 자신이 직접 분석한 기업의 가치, 산업 전망, 기술적 위치, 수급 흐름 등이어야 한다. 타인의 추천 종목을 참고할 수는 있지만 자신만의 검토와 판단 없이 매수하는 행위는 투자라기보다 투기에 가깝다. 주식 시장은 그 누구도 확실한 정답을 줄 수 없기에 결국 책임질 수 있는 판단을 하는 사람만이 살아남는다.

많은 투자자들이 처음에는 전문가의 말을 듣고 따라 한다. 그것은 당연한 과정이다. 초보자에게 있어 정보는 언제나 부족하고 시장은 낯설다. 그러나 중요한 것은 점차 그 의존에서 벗어나 <u>스스로</u> 분석하고 결정하는 힘을 길러야 한다는 것이다. 예를 들어 어떤 전문가가 이 기업은 향후 5년간 실적이 좋아질 것이라고 말하면, 그 말을 믿고 매수하는 데서 멈추지 말고 왜 그렇게 판단하는지를 스스로 공부하고 자료를 찾아보며 기업의 구조를 분석하는 습관을 가져야 한다.

　종목 선정은 단순히 좋은 기업을 찾는 일이 아니다. 그것은 자신의 투자 성향, 리스크 감내 수준, 보유 기간, 시장에 대한 관점 등을 모두 고려한 종합적인 판단이다. 성장주를 선호하는지, 가치주를 좋아하는지 배당을 중시하는지에 따라 적절한 종목은 완전히 달라진다. 누군가에겐 최고의 종목이 또 다른 누군가에겐 불안한 선택일 수 있다. 그렇기 때문에 투자란 철저히 나만의 기준을 만들어가는 과정이며, 종목을 고르는 기준도 남의 것이 아니라 내 것이어야 한다.

　매매 타이밍 역시 마찬가지다. 타이밍은 정답이 없는 영역이다. 상승 초입에 들어가든, 눌림목에서 진입하든, 돌파 매매를 하든 모든 전략은 자신이 납득할 수 있어야 의미가 있다. "지금이라도 사야 하나요?", "이제 팔아야 하나요?"라는 질문을 반복하는 사람은 아직 자기 기준이 없는 것이다. 이런 부류의 투자자들은 시장에서 잃을 확률이 높다. 실전에서는 이 기준이 매우 중요하다. 주가가 하락할 때 손절할 것인지, 더 사 모을 것인지, 관망할 것인지도 모두 자신의 판단 기준에 따라 움직여야 후회가 적다.

　주도적 투자를 위해선 몇 가지 중요한 습관이 필요하다. 첫째 기록하는 습관이다. 어떤 종목을 왜 매수했는지를 일기처럼 써 두는 것이다. 그리고 시간이 지난 후 그 판단이 맞았는지 돌아보는 습관을 들이면 자연스럽게 분석력이 자라고 자기 기준이 세워진다. 둘째 정해진 매매 원칙을 만드는 것이다. 예를 들어 내가 투자하는 종목은 반드시 PER 15 이하이며 부채 비율 100% 이내일 것, 또는 단기 매매는 거래량 급증 이후 이동평균선 지지를 확인한 후에만 진입 등 구체적인 룰을 정해두는 것이 중요하다.

투자를 함에 있어 남과 절대로 비교하지 말아야 한다. 누군가 더 높은 수익을 냈다고 해서 조급해질 필요가 없다. 투자는 마라톤이다. 그리고 각자의 출발선도 목적지도 다르다. 중요한 것은 자신의 투자 전략이 일관성을 유지하다 보면 시간이 지날수록 스스로 확신을 가지고 실행에 옮기는 힘이 자란다는 점이다. 이 과정이 쌓이면 투자에 대한 자신감도, 리스크 관리 능력도 함께 성장하게 된다.

실패를 두려워하지 않는 자세가 필요하다. 투자에서 손실은 배움의 기회다. 중요한 것은 손실의 원인을 남 탓으로 돌리지 않고 그 안에서 개선점을 찾는 것이다. 주도적인 투자자는 실패조차 자기 성장의 계기로 삼는다. 반면 누군가의 추천에 따라 맹목적으로 매수한 투자자는 손실이 나면 그 사람이 틀렸다고만 생각하게 된다. 이는 다시 실수로 이어지고 투자 실력은 쌓이지 않는다. 투자는 자기 인생을 스스로 설계하는 것과 같다. 조언은 받을 수 있어도 결정을 대신해줄 수는 없다. 결국 본인 손가락으로 매수 버튼을 누르기 때문이다.

결국 종목 선정과 매매의 주도권을 스스로 쥐는 사람은 시장이 어떻게 흔들려도 흔들리지 않는다. 그는 뉴스가 요란해도, 남들이 흥분해도 자신만의 분석과 전략을 가지고 차분히 행동한다. 수익이 나도 자만하지 않고, 손실이 나도 흔들리지 않는다. 왜냐하면 그는 스스로 판단한 길을 걷고 있기 때문이다. 그 길이 때로는 돌아가더라도, 결국엔 자신만의 속도로 도달하게 해주는 힘이 된다.

   투자란 수익보다 판단의 과정이 더 중요하다. 그리고 그 판단은 반드시 스스로 해야 한다. 종목 선정도, 매수 타이밍도, 매도 시점도 모두 나 자신의 생각과 기준에 따라 이뤄져야 한다. 이것이 바로 주도적인 투자자의 자세이며 시간이 흐를수록 더욱 강해지는 진짜 실력의 원천이다. 타인의 목소리를 참고할 수는 있지만 자신의 기준 없이 시장에 임한다면 언젠가 반드시 대가를 치르게 된다. 따라서 스스로 종목을 선정하고 주도적으로 매매하기 위해 노력을 아끼지 말자.

투자로 성공하는
단 하나의 방법은 '그냥 하자'

투자로 성공하는 단 하나의 방법은 '그냥 하자'라는 말은 얼핏 들으면 가볍고 무책임하게 들릴 수 있다. 그러나 이 말의 진짜 의미는 결코 가볍지 않다. 이 말은 투자에 있어서 완벽한 타이밍, 완벽한 분석, 완벽한 확신을 기다리기보다 지금 내가 할 수 있는 만큼 고민하지 말고 실행하라는 행동의 철학을 담고 있다. 성공한 투자자와 실패한 투자자의 가장 큰 차이는 실행력에 있다. 머리로만 알고 책으로만 공부한 사람은 시장에서 이길 수 없다. 투자는 실전이다. 수많은 정보를 모으고도 아무것도 하지 않는 사람보다 부족하더라도 작은 금액부터 실전으로 시작한 사람이 결국 더 빠르게 성장하고 성공할 수 있다. 그래서 투자에서 가장 강력한 전략은 생각만 하지 말고 그냥 해보는 것이다.

사람들은 투자 전 항상 완벽한 조건을 기다린다. "이 종목이 더 빠지면 살게요", "이번 사이클이 끝나고 다시 진입하죠", "좀 더 공부하고 투자할게요" 하면서…. 하지만 시장은 기다려주지 않는다. 세상에는 절대적으로 안전하고 확실하고 정답인 투자는 존재하지 않는다. 언제나 불확실성과 함께해야 하고 항상 예측은 빗나갈 수 있다. 이 불확실성을 이기는 유일한 방법은 완벽을 추구하는 것이 아니라 실전에서 부딪히고 배우는 것이다. 그래서 많은 투자 고수들이 공통적으로 말한다. 모든 것은 시장에서 배운다. 일단 들어와서 해봐야 안다.

'그냥 하자'는 단순한 시작을 의미한다. 많은 사람들이 주식, ETF, 부동산, 비트코인 등 다양한 자산에 관심은 있지만 대부분 망설이기만 한다. 처음이니까 무섭고 실수할까 걱정하는 것이다. 하지만 투자는 자전거 타기와 같다. 이론서 수십 권을 봐도, 누군가 설명을 잘해줘도 직접 페달을 밟고 균형을 잡는 연습을 하지 않으면 영원히 넘어지게 되어 있다. 그 시작이 아무리 작고 서툴러도 일단 해보면 배운다. 실전에서 느끼는 감정, 손실에 대한 두려움, 수익에 대한 기대, 시장의 움직임 이 모든 것을 몸으로 체득하면서 진짜 실력이 쌓이는 것이다. 결국 투자의 모든 시작은 '그냥 해보자'에서 출발한다.

이 철학은 특히 초보 투자자에게 중요하다. 처음부터 100점짜리 전략을 세우려다 결국 아무것도 하지 못하는 사람이 많다. 책에서 PER, PBR, ROE를 외우고 차트 패턴을 공부해도 정작 클릭 한 번으로 매수하지 못한다. 그 한 걸음을 내딛지 못하고 주저하는 동안 시장은 기회를 지나쳐버린다. 그래서 초보 투자자일수록 소액이라도 당장 시장에 진입하는 것이 중요하다. 처음엔 잃을 수도 있다. 그래서 반드시 투자금의 1/10로만 시도해야 한다. 실력이 없을 때는 시드 금액이 그렇게 중요하지 않다. 어차피 잃을 확률이 크기 때문이다. 쉽게 말해 투자금이 얼마 있든지 소액으로 먼저 깨지면서 배워나가야 한다. 하지만 그 과정에서 돈보다 더 중요한 경험과 감각을 얻게 된다. 그 경험이 차곡차곡 쌓여 어느 순간 투자의 언어를 말하게 되고 그것이 성과로 이어지는 것이다.

'그냥 하자'는 말은 완벽하지 않아도 괜찮다. 실패해도 괜찮다. '중요한 것은 움직이는 것이다'라는 마음가짐이다. 물론 아무 준비 없이 무턱대고 투자하라는 의미는 아니다. 최소한의 공부와 방향 설정은 필요하다. 그러나 아무리 준비를 해도 불확실성은 사라지지 않는다. 결국 실행만이 정답이다. 이론과 실전 사이에는 깊은 간극이 있고 그 간극은 경험으로만 메워진다. 주식을 처음 해보는 사람이라면 스마트폰으로 증권 계좌를 만들어 직접 매수 버튼을 눌러보는 것 자체가 가장 값진 수업이다. 처음은 작고 어설퍼도 된다. 중요한 것은 진입했다는 사실이다.

성공한 사람들은 공통적으로 실행이 빠르다. 고민보다 실행,

두려움보다 도전을 우선시하는 그들은 시장이 완벽해질 때까지 기다리지 않는다. 기회가 보이면 일단 진입하고 틀리면 인정하고 다시 분석해서 다음 전략을 세운다. 그래서 시행착오가 많지만 그만큼 빠르게 성장한다. 반면 실패하는 사람들은 대개 생각만 하다가 끝난다. 좋은 아이디어는 있었지만 실행하지 않았다. 기회는 지나갔고 뒤늦게 뛰어들어 후회한다. 투자의 기회는 늘 준비된 사람보다 실행하는 사람에게 돌아간다. 그래서 '그냥 하자'는 말은 실패를 두려워하지 말고 지금 할 수 있는 것을 하라는 가장 현실적인 조언이다.

'그냥 하자'는 투자의 지속성에도 중요한 철학이다. 단기적으로는 시장이 요동치고 예측이 틀릴 수도 있다. 그러나 꾸준히, 계속해서 시장에 참여하고, 경험하고, 포트폴리오를 조정하면서 자신만의 투자 철학을 만들어가는 사람은 결국 이긴다. 장기적으로 보면 투자 성과는 선택보다 지속이 중요하다. 지금 좋은 종목을 고르는 것도 중요하지만 끊임없이 학습하고 시장에 머무르는 사람이 더 큰 성과를 얻는다. 그래서 그냥 하자는 한 번의 충동이 아니라 투자자로 살아가겠다는 장기적인 의지이기도 하다.

무엇보다 이 말은 두려움에서 벗어나라는 메시지다. 많은 투자자들이 손실을 두려워하고 시장의 공포에 움츠러든다. 하지만 진짜 두려워해야 할 것은 손실이 아니라 아무것도 하지 않는 것이다. 투자에서 손실은 언젠가 반드시 온다. 중요한 것은 그 손실 속에서 배우고, 다시 일어서고 더 나은 결정을 하는 것이다. 경험은 실패로부터 온다. 그러니 망설이지 말고 시작하라. 큰돈이 아니어도, 완벽한 전략이 아니어도 괜찮다.

결국 투자란 수많은 시행착오 속에서 성장해가는 과정이며 그 첫걸음은 언제나 생각보다 행동이다. '그냥 하자'는 말은 행동의 중요성을 말하는 용기 있는 선언이다. 투자의 작은 성공의 시작은 바로 그 용기에서 비롯된다.

투자하는 인생에서
'지금은 긴 선 위의 점'이다

투자하는 인생에서 '지금은 긴 선 위의 점'이라는 걸 투자자들에게 말하고 싶다. 시간의 흐름 속에서 현재를 바라보는 시야를 제공하는 철학적 메시지다. 투자라는 긴 여정 속에서 오늘의 손실, 지금의 불안, 단기적인 성과에 집착하지 말고, 보다 길고 넓은 시야에서 스스로의 여정을 바라보라는 말이다. 이 말은 단순한 위로가 아니다. 이는 장기적 안목과 시간에 대한 이해 없이 결코 투자에서 성공할 수 없다는 진실을 담고 있다. 결국 진짜 성공한 투자자는 눈앞의 숫자가 아니라 인생 전체라는 타임라인 위에서 현재를 설정할 줄 아는 사람이다.

우리는 주식 시장에서 매일같이 수많은 숫자를 본다. 오늘의 수익률, 지금의 지수, 방금 전 종가, 실시간 뉴스와 공시. 이런 정보는 매우 빠르게 소비되며, 투자자의 감정에 직접적인 영향을 준다. 주가가 조금만 떨어져도 불안해지고, 조금만 오르면 들뜬다. 하지만 이런 감정은 대부분 단기적 프레임에서 비롯된 것이다. 주가의 1분봉, 1일봉, 1주일 차트만 바라보면 언제나 변동성과 불확실성이 지배한다. 하지만 5년, 10년, 20년이라는 시간 축에서 보면 이런 단기 움직임은 거의 의미가 없는 점에 불과하다.

이러한 관점을 우리는 차트에서도 볼 수 있다. 단기 차트에서는 시장이 요동치고 혼란스럽다. 하지만 장기 차트, 특히 10년 이상 누적된 장기 우상향 곡선을 보면, 수많은 급락과 급등은 단지 작은 굴곡에 불과하다. 결국 큰 그림은 위로 향하고 있으며 그 속에서 진짜 부는 천천히, 그러나 확실하게 쌓인다. 이처럼 긴 선 위에 존재하는 하나의 점으로서 오늘을 바라보는 시야는 투자자에게 안정과 인내, 방향성을 제공하는 나침반이 된다.

'지금은 긴 선 위의 점'이라는 말은 단지 차트 해석의 철학이 아니다. 그것은 인생과 투자, 시간과 성장을 어떻게 바라볼 것인가에 대한 태도다. 많은 초보 투자자들이 오늘 오르고 내리는 종목에 마음을 쏟고 수익이 나면 환호하고 손실이 나면 좌절한다. 물론 감정이입은 당연한 일이다. 하지만 이 감정은 진짜 투자자가 되기 위한 하나의 관문일 뿐이다. 진짜 실력을 갖춘 투자자는 하루 수익보다 포트폴리오의 방향, 1주일의 손실보다 10년 뒤의 자산 구조에 관심을 둔다.

이런 태도는 시간을 내 편으로 만드는 투자와 연결된다. 위대한 투자자 워런 버핏이 강조한 가장 강력한 무기는 복리의 힘이다. 복리는 단기적인 기적이 아니다. 그것은 작은 성장이라도 오랜 시간 동안 지속되었을 때만 일어나는 인생의 기적이다. 그러나 대부분의 투자자는 단기 수익률에만 집착한 나머지 복리의 시작점조차 도달하지 못한 채 시장을 떠나버린다. 왜냐하면 지금의 점에 갇혀 있기 때문이다. 현재가 전부인 것처럼 느끼고, 감정이 전부인 것처럼 생각하고 시장이 지금처럼만 영원히 흘러갈 것이라 착각하는 것이다.

하지만 시장은 언제나 움직인다. 호황 뒤에는 조정이 오고, 하락 뒤에는 반등이 온다. 과거 금융 위기, 팬데믹, 전쟁, 금리 인상기, 기술 붕괴, 정책 변화 등 수많은 위기를 겪었지만 시장은 항상 살아남았고 결국은 상승해왔다. 이 역사적 사실이 보여주는 교훈은 단 하나다. 지금 우리가 걱정하고 있는 이 순간도 긴 흐름 속에서는 한 점에 불과하다는 것이다. 그 점에서 물러나지 않고 버틴 사람, 그리고 그 점을 공부하고 기록하며 기다린 사람만이 복리의 결실을 거머쥘 수 있다.

투자에서 성공한 사람들의 공통점은 화려한 종목 선정 능력이 아니다. 그것은 시간을 대하는 철학, 시장을 바라보는 시야, 손실을 견디는 인내심, 그리고 자신을 믿는 의지다. 어떤 사람은 10년을 투자하고도 손실만 보고 나간다. 반면 어떤 사람은 작은 종목 하나를 믿고 묵묵히 15년간 들고 있어 큰 수익을 얻는다. 그 차이는 종목이 아니라 시간과 자기 자신을 어떻게 다뤘는가에 달려 있다.

이 철학은 비단 주식 투자에만 해당되는 것이 아니다. 인생의 모든 투자가 그렇다. 독서, 공부, 건강 관리, 인간관계, 창업 등 그 무엇도 하루아침에 성과가 나타나지 않는다. 모든 성장은 처음에는 보이지 않는 축적이며 그 축적이 어느 지점에서 임계치를 넘을 때 폭발적인 변화가 나타나는 것이다. 하지만 우리는 늘 조급하고 성과를 빨리 보기를 원하며 남들과 비교한다. 이때마다 지금은 '긴 선 위의 점이다'라는 말을 떠올려야 한다. 그러면 비로소 자신만의 속도를 인정하고 긴 호흡을 갖고 흔들리지 않게 된다.

이런 투자 마인드는 마음의 평온을 가져다준다. 시장은 항상 출렁이고 세상은 언제나 불확실하다. 하지만 나는 그 긴 선 위를 걷고 있다는 사실, 오늘의 작은 실수나 손해도 결국은 전체 여정 속에서 훈련이고 경험이라는 걸 안다면 우리는 훨씬 더 안정적으로 투자할 수 있다. 그리고 무엇보다 지금의 점이 어떤 위치에 있는지를 기록하고 돌아보는 습관은 나의 투자 인생을 더 견고하게 만들어줄 것이다.

투자란 오늘의 결과를 좇는 것이 아니라 시간과 함께 가는 여정이다. 그 여정 위에서 전체 흐름을 읽고 나아갈 방향을 유지하고 인내하며 기다릴 수 있는 사람이 결국 투자자로서 성장하게 된다. 많은 이들이 맹목적으로 돈을 좇아 빨리 가려고만 한다. 본인의 속도에 맞춰서 느리더라도 천천히 긴 호흡으로 가야 단단하게 성장할 수 있다.

본성을 거스르는
매매를 해야 한다

'본성을 거스르는 매매를 해야 한다'는 말은 투자자가 시장에서 살아남고 더 나아가 성공하기 위해 반드시 갖춰야 할 심리적 태도와 행동 전략을 담고 있다. 이 말은 단순히 감정을 억제하라는 의미가 아니다. 인간 본능이 시장에서 얼마나 불리하게 작용하는지를 인식하고 그것을 스스로 통제하고 역행하는 행동을 선택해야 한다는 깊은 통찰이다. 투자에서의 가장 큰 적은 외부의 뉴스나 기업이 아니라 바로 내 안에 있는 두려움과 탐욕이라는 감정, 즉 나의 본성이다. 그리고 이 본성을 거스르지 못하면 시장은 언제나 나를 시험하고 결국 내 계좌를 망가뜨릴 것이다.

투자자 대부분은 시장에서 합리적으로 행동한다고 믿는다. 그러나 실제로는 감정에 따라 움직인다. 주가가 오르면 더 오를 것

같아 불타기에 뛰어들고 주가가 내리면 더 떨어질까봐 겁에 질려 판다. 이처럼 대부분의 투자자들은 공포일 때 팔고, 탐욕일 때 사는, 즉 잘못된 방식으로 매매를 반복한다. 이는 인간의 본능적 생존 방식과 관련이 있다. 위험을 피하려는 본능, 군중과 함께 있으려는 심리, 손실을 피하려는 회피 기제는 원래 생존에 유리하지만 시장에서는 정반대 결과를 초래한다. 그렇기 때문에 시장에서 이기려면 이 본능을 거스르는 의식적인 훈련이 필요하다.

주식 시장은 심리의 전쟁터다. 정보와 분석도 중요하지만, 결국은 감정을 어떻게 다루느냐가 수익률을 좌우한다. 시장이 급락할 때 대부분의 투자자는 패닉에 빠진다. "이제 주식은 끝났어", "이 종목은 망했어"라는 말들이 쏟아진다. 이때 본성을 거스르고 오히려 매수할 수 있는 사람이 진짜 투자자다. 워런 버핏은 "다른 사람들이 탐욕을 부릴 때 두려워하고, 두려워할 때 탐욕을 부려라"라고 했다. 이것이 바로 본성을 거스르는 매매의 진수다.

하지만 말처럼 쉬운 일이 아니다. 인간은 본능적으로 집단을 따르고 불확실성을 싫어하며 손실을 감정적으로 받아들인다. 특히 손실 회피 성향(loss aversion)은 이성보다 훨씬 강하게 작용한다. 예를 들어 10만 원의 이익을 얻었을 때보다 10만 원의 손실을 입었을 때 훨씬 더 큰 심리적 충격을 받는다. 이때 대부분의 투자자는 이 손실을 회피하고자 급히 매도하거나 손실을 만회하려 무리한 매매에 나선다. 그러나 이런 감정적 대응은 오히려 더 큰 손실로 이어진다. 그래서 시장에서는 감정과 반대로 움직여야 살아남을 수 있다.

이런 본성을 극복하기 위한 방법은 무엇일까? 첫째, 계획된 매매 시스템을 구축하고 철저히 따른다. 이 시스템은 단순한 룰일 수 있다. 예를 들어 '주가가 -20% 하락하면 무조건 분할 매수하고, 수익이 +30%에 도달하면 절반 매도한다'와 같은 규칙은 감정이 개입하지 않게 하는 구조를 만든다. 이런 시스템은 시장의 소음에 휘둘리지 않고 일관된 투자 행동을 가능하게 해준다. 본성을 거스른다는 것은 결국 감정의 명령이 아닌 시스템의 명령을 따르는 것이다.

시장에 대한 기대치를 낮추고 인내하는 법을 배우는 것이다. 본성은 언제나 빠른 보상을 원한다. 그래서 조급하게 매매하고 단기 수익에 집착하게 만든다. 하지만 시장은 언제나 기다리는 자에게 더 큰 보상을 준다. 훌륭한 기업에 투자해도 그 주가가 상승하기까지는 시간이 걸린다. 이때 조급함을 억누르고 기다릴 수 있는 인내가 필요하다. 인내는 감정의 반대편에 있으며 이 인내야말로 본성을 거스르는 가장 강력한 무기다.

손실에 익숙해지는 훈련이 필요하다. 손실은 시장에서 피할 수 없는 요소다. 손실을 부끄럽게 여기거나 회피할수록 감정적 대응은 더 강해진다. 손실을 객관적으로 받아들이고, 그 원인을 분석하며 다음 전략을 계획하는 사람은 그 상황을 통제할 수 있다. 본성을 거스른다는 것은 단지 참는 것이 아니라 자기 감정에 대해 깊이 이해하고 그것을 조절할 줄 아는 힘을 키우는 것이다. 이는 단기간에 이뤄지지 않지만 반복된 시장 경험을 통해 누구나 훈련할 수 있다.

군중 심리에 빠지지 않는 독립적인 사고를 갖추는 것이다. 시장은 늘 유행과 집단 심리에 따라 움직인다. 모두가 "이 종목은 대세"라고 외칠 때 한발 떨어져서 냉정하게 바라보는 힘이 필요하다. 그리고 모두가 절망할 때 기회를 탐색하는 시야가 필요하다. 본성을 거스른다는 것은 결국 대중과 반대되는 방향에서 움직이는 결단을 말한다. 물론 언제나 반대로 해야 한다는 뜻은 아니다. 중요한 것은 대중을 맹목적으로 따르지 않고 스스로의 기준으로 판단할 줄 아는 태도다.

매매일지를 쓰고 자신을 돌아보는 습관도 본성 통제에 효과적이다. 매수·매도 후의 감정, 판단 근거, 그 당시의 시장 상황을 기록하다 보면 자신의 반복되는 감정 패턴을 인식하게 된다. 급락할 때 또는 수익이 날 때 바로 팔았다가 더 오르는 걸 보며 후회했다는 식의 패턴을 자각하고 그에 대한 대응을 준비할 수 있다. 결국 본성을 거스른다는 것은 자기 자신을 관찰하고 개선하고 성장시키는 과정이다.

투자는 심리 게임이고 심리의 본질은 감정 통제다. 우리는 시장을 통제할 수 없지만 나 자신을 통제할 수 있다. 이 통제는 본능과 감정이 이끄는 대로 움직이지 않고 그 반대 방향에서 이성적인 결정을 내리는 훈련을 통해 가능해진다. 시장은 늘 사람의 본성을 시험한다. 공포, 탐욕, 조급함, 확증 편향, 과신, 자기 합리화 등 수많은 감정의 덫이 기다리고 있다. 그러나 이 본성을 이긴 자만이 시장에서 오랜 시간 살아남고, 결국 부를 이룬다. 그래서 투자에서 성공하고 싶다면 반드시 명심해야 할 말은 이것이다.

"본성을 따르지 말고 거스르는 매매를 한다."

진정한 투자자의 길은 본능이 아닌 이성으로, 군중이 아닌 자기 기준을 가지고 나아가는 여정이다. 그 여정의 출발점이 바로 본성을 거스르는 매매를 실천하는 것이다. 주가가 하락할 때 공포를 이겨내자. 주가가 상승할 때는 탐욕을 이겨내자.

투자에서의 심법을
단련하는 법

투자에서 심법은 단순한 기술이나 정보 습득을 넘어 스스로의 내면을 통제하고 감정을 다스리는 일이다. 이는 마치 무술에서 검을 휘두르기 전에 마음을 다스리는 수련과도 같다. 아무리 좋은 종목을 고르고, 정교한 분석을 하고, 시장의 방향을 읽었다 하더라도 감정의 폭풍에 휘말린다면 결국 일관된 판단을 내리지 못하고 손해를 입게 된다. 그래서 투자는 지식과 분석을 넘어 심리의 싸움이며 심법의 단련이 가장 본질적인 무기가 된다.

투자를 막 시작하는 사람은 대부분 '무엇을 살까?', '언제 사야 하나?'에 집중한다. 하지만 어느 정도 시간이 지나고 경험이 쌓이기 시작하면 누구나 깨닫게 된다. 진짜 중요한 것은 무엇을 사느냐보다 어떻게 사고, 어떻게 견디고, 어떻게 팔아야 하느냐는 점이다. 이는 단지 전략의 문제가 아니라 전적으로 자기 감정과 사고를 어떻게 다스리느냐, 즉 심법의 문제다.

심법이란 결국 시장을 바라보는 태도이며 나 자신을 바라보는 인식이다. 주식 시장은 매일같이 수많은 자극을 준다. 뉴스, 실적 발표, 금리 결정, 전쟁, 정치, 기술 혁신, 공포, 기대, 탐욕. 이 모든 요소들이 투자자의 판단에 영향을 준다. 이때 나의 감정이 출렁일수록, 시장의 노이즈에 흔들릴수록 정확한 판단은 점점 멀어진다. 심법을 단련하는 것은 이 흔들림 속에서도 중심을 잡고 내가 세운 원칙과 전략에 따라 차분히 행동할 수 있는 내공을 키우는 일이다.

시장에서 수익을 내는 일은 사실 반복적인 패턴의 숙달이다. 오르고 내리는 파동 속에서 일정한 규칙을 가지고 움직이면 장기적으로 수익을 낼 수 있다. 그러나 문제는 그것을 알면서도 지키지 못한다는 점이다. 계획한 대로 매수하지 못하고, 원래 손절선보다 더 늦게 손절하며, 목표 수익률에 도달했지만 팔지 못하고 더 욕심을 낸다. 이 모든 실수의 근본에는 마음의 흔들림, 즉 심법이 약하다는 점이 자리 잡고 있다.

심법을 단련하기 위해서는 먼저 자기 자신을 아는 것이 중요하다. '나는 어떤 상황에서 불안해하는가?', '나는 어떤 조건에서 무리한 매매를 하는가?', '수익이 나면 어떤 감정을 느끼고, 손실이 나면 어떻게 반응하는가?'와 같은 질문들을 스스로에게 던져

보는 것이 심법 수련의 시작이다. 사람마다 투자 스타일이 다르고 감정의 형태가 다르기 때문에 자신만의 감정 패턴을 파악하고 기록하는 것이 중요하다. 이 기록은 단순한 회고가 아니라, 다음 결정을 더 냉정하게 만들어줄 수 있는 자기 인식의 토대가 된다.

다음으로 중요한 것은 절대적인 원칙을 세우는 일이다. 이 원칙은 복잡할 필요가 없다. 단순하지만 흔들리지 않는 나만의 철칙이 되어야 한다. 예를 들어 '매수는 없다', '분할 매수만 있을 뿐 매도는 없다', '분할 매도만 있을 뿐 뉴스로 인해 급등한 종목은 따라가지 않는다'와 같은 규칙들이 그 예다. 중요한 것은 이 원칙을 정해두고 시장이 흔들려도 지키는 것이다. 심법이란 결국 감정이 아닌 원칙에 따라 움직이는 반복된 훈련에서 나온다.

심법은 기다림을 훈련하는 과정이기도 하다. 대부분의 투자자는 너무 성급하다. 매수하면 바로 오르기를 바라고 며칠 조정만 있어도 지루해하고 한두 번 손실이 나면 조바심을 느낀다. 하지만 시장은 절대 내 감정의 속도에 맞춰주지 않는다. 종목은 내가 원하는 타이밍이 아니라 시장이 허락할 때 움직인다. 이때 기다릴 수 있는 사람만이 복리의 마법을 경험할 수 있다. 기다림은 시장의 리듬을 따르는 것이고, 조급함을 참아내는 정신력이며, 결국은 시간을 내 편으로 만드는 전략이다.

심법을 단련한다는 것은 매일같이 나와 대화하는 일이다. 오늘의 매매가 감정에 치우치지 않았는지, 어떤 뉴스에 반응했는지, 어떤 결정이 나의 원칙을 어기게 만들었는지를 점검하고 반성하는 과정이 필요하다. 하루 5분이라도 투자일지를 쓰는 습관은 심법을 가다듬는 강력한 도구가 된다. 이 기록은 나의 투자 성향을 객관화하고, 반복적인 실수를 줄이며, 점차 나만의 투자 스타일을 완성시킨다.

심법을 단련하는 과정은 자기 통제력과 깊은 관련이 있다. 투자자에게 가장 치명적인 감정은 조급함, 공포, 과신이다. 이 감정들은 이성을 마비시키고 평소라면 하지 않을 실수를 반복하게 만든다. 시장은 이 감정의 약점을 정확히 찌른다. 그래서 투자자는 단단한 마음을 가져야 한다. 이 단단함은 외부로부터 오는 것이 아니라 반복된 실패와 성찰, 인내를 통해 안에서부터 만들어진다. 강한 심법은 시장을 통제하는 것이 아니라 나 자신을 통제하는 것이다.

투자란 자신의 감정을 끊임없이 시험당하는 과정이다. 아무리 많은 지식과 정보를 가지고 있어도 그것을 꾸준히 실행할 수 있는 정신력이 없다면, 수익은 지속되지 않는다. 시장은 끊임없이 우리를 흔든다. 오르락내리락하는 주가, 말 바꾸는 뉴스, 소셜 미디어의 루머, 수많은 유혹…. 이 모든 상황에서 중심을 잃지 않고 원칙을 지키는 사람만이 심법을 더욱 키울 수 있고, 결과적으로 긴 투자 인생에서 꾸준한 성과를 얻을 수 있다.

투자에서 심법을 단련한다는 것은 시장보다 나 자신을 이기는 법을 배우는 일이다. 감정을 이기고, 유혹을 이기고, 조급함을 이기고, 나약함을 이기는 반복된 싸움 속에서 비로소 투자자는 성장한다. 심법은 한순간에 완성되지 않는다. 그것은 오랜 시간 시장에 머무르며 수많은 실수와 반성을 통해 단련되는 것이다. 그래서 진짜 투자자는 지식으로 무장한 사람이 아니라 자신의 마음을 스스로 다스릴 줄 아는 사람이다.

투자 12계명

투자란 단순한 돈의 움직임이 아니라 자기 자신과의 싸움이다. 수많은 뉴스, 차트, 분석 속에서 살아남는 사람은 결국 마음이 단단한 사람이다. 수익은 실력이 아니라 습관에서 오고 손실은 무지보다도 감정에서 발생한다. 그런 의미에서 투자자가 반드시 마음에 새겨야 할 '투자 12계명'은 단순한 기술이 아닌 태도이며, 결국 투자 인생을 지켜주는 방패와 칼이 된다.

📊 **첫째, 수익은 길게 가져가고 손실은 짧게 끊자.**

많은 투자자들이 반대로 행동한다. 수익은 조금만 나도 팔고 손실은 끝까지 버틴다. 그러나 시장은 단기적으로는 요동쳐도 우량 기업의 가치는 장기적으로 쌓인다. 수익은 이 기업이 시간을 두고 성장하면서 커지는 복리의 열매다. 반대로 손실은 더 커지기 전에 잘라야 다음 기회를 잡을 수 있다. 손절은 실패가 아니라 기회를 위한 비용이다.

📈 둘째, 돈의 흐름을 따라가되 매매를 줄이자.

자금이 몰리는 섹터, 정책 수혜 업종, 대장주의 움직임을 관찰하는 습관은 매우 중요하다. 하지만 그 흐름 안에서 지나친 매매는 수익을 깎아 먹는 칼날이 된다. 매매는 많을수록 감정에 휘둘리고 수수료와 세금의 늪에 빠진다. 돈이 어디로 흘러가는지를 본 뒤 그 안에서 조용히 포지션을 잡고 선택과 집중을 해 가장 확률 높은 종목 위주로 매매를 줄여야 한다. 기다리는 것이 진짜 투자자의 자세다. 선택과 집중을 해 가장 확률 높은 종목 위주로 매매를 줄여야 한다.

📈 셋째, 사자처럼 종목을 기다리고 저가에 사자.

고점에서 흥분해서 사는 것이 아니라 기다리다가 좋은 가격이 올 때 움직이는 것이 진짜 실력이다. 사자는 굶주릴수록 더 조용해지고 기회가 왔을 때 강하게 덤빈다. 그리고 자기 공격 범위 안에 들어오기 전까지 절대 움직이지 않는다. 이처럼 기다림은 능력이며 기다린 뒤 저점에서 매수하는 기술은 수익률의 본질이다. 항상 종목을 찾되 흥분하지 말고 매수 기회를 관찰하자.

📈 **넷째, 종목 선정은 스스로, 매매는 주도적으로 하자.**

누구의 말도 믿지 말고 유튜브도 참고로만 보자. 내가 이해하지 못하는 기업에 투자하지 말고 나의 분석과 기준에 따라 판단하고 책임지자. 수익도 손실도 결국 내 몫이다. 외부 의견에 따라 매매하면 불안은 사라지지 않고 주가가 흔들릴 때마다 마음도 흔들린다. 주체적인 매매는 나의 투자 철학을 지키는 핵심 무기다.

📈 **다섯째, 약점이 제거될수록 수익은 따라오니 복기하자.**

복기가 중요하다. 매매 후에는 늘 복기해야 한다. 왜 샀는지, 왜 팔았는지, 왜 이 종목이었는지 돌아봐야 한다. 반복되는 실수를 인식하고, 고치지 않으면 수익은 쌓이지 않는다. 복기는 과거를 후회하기 위한 것이 아니라, 다음 기회를 더 정확히 잡기 위한 훈련이다. 약점은 스스로가 가장 잘 안다. 그것을 인정하고 개선하면 계좌는 강해진다.

📈 **여섯째, 본성을 거스르는 매매를 하자.**

탐욕이 치밀면 쉬고 공포가 오면 들어가야 한다. 시장은 늘 우리의 감정을 흔든다. 감정대로 매매하면 반대로 가기 마련이다. 차분히 원칙을 지키는 것, 손실을 두려워하지 않고 계획대로 움직이는 것. 이는 모두 자신의 본능과 싸우는 일이다. 성공한 투자자는 시장보다 자기 자신을 이긴 사람이다.

📊 일곱째, 계좌 관리가 안 되면 모든 걸 잃는다.

분산도 없이 한 종목에 몰빵하거나 손실 종목을 무제한으로 끌고 가면 결국 계좌는 망가진다. 감정적으로 매매하고, 원칙 없이 사면 결국 수익이 나도 지키지 못한다. 계좌는 수익을 담는 그릇이다. 그릇이 깨지면 아무리 좋은 수익도 남지 않는다. 포트폴리오 관리, 리스크 관리, 손절과 익절의 균형, 모두 계좌 관리의 핵심이다.

📊 여덟째, 도파민이 터지고 좋아 미칠 때 분할 매도하자.

수익 중이면 마냥 좋고 계좌만 보고 있어도 기분이 좋다. 팔까라는 생각과 함께 고민하지만 쉽지 않다. 이럴 때는 가장 합리적인 방법은 분할 매도하는 것이다. 일부 수익을 실현하면서 심리적 안정감을 갖고 남은 수익도 기대할 수 있다. 분할 매도는 심리 싸움에서 이기기 위한 좋은 전략이다. 투자자에게 가장 흔한 실수는 수익을 확정하지 못하다가 날려버리는 것이다. 욕심과의 합의를 통해 본성을 이겨내야 한다.

📊 아홉째, 몰빵은 하지 말고 분할 매수하자.

한번에 크게 베팅하지 말고 나눠서 진입하자. 가격은 알 수 없고 타이밍은 예측할 수 없다. 분할 매수는 불확실성 속에서 나를 지켜주는 전략이다. 몰빵은 운이 좋으면 수익이 클 수 있으나 한 번의 실패가 회복 불가능한 손실로 이어질 수 있다. 분할 매수는 살아남는 전략이며 오래 버티는 힘이다.

📈 열째, 손절을 두려워하지 말자.

손절은 패배가 아니라 생존이다. 손절을 못 하면 손실은 커지고 계좌는 무너지고 마음도 무너진다. 반대로, 손절을 빠르게 할수록 계좌는 보호되고 다음 기회를 위한 준비가 가능하다. -50%를 복구하려면 100% 수익을 내야 하는데 100% 수익이 생각만큼 쉬운 수익률이 아니다. 손절은 전략이며 감정이 아닌 시스템으로 설정해두는 것이 좋다. 손절이 익숙해지면 오히려 마음은 편해지고 수익도 커진다.

📈 열한째, 현금은 선택이 아닌 필수다.

모든 자산을 투자하지 말고 현금을 보유하자. 현금은 기회를 잡는 준비물이며 시장이 흔들릴 때 안전망이다. 급락장이 오면 현금을 가진 사람만이 싸게 살 수 있다. 또한 심리적으로도 현금이 있으면 흔들리지 않는다. 매수 기회를 잡기 위한 유연성, 손실 대응을 위한 안전 장치로서 현금은 반드시 보유해야 한다.

📈 열두째, 투자에서 천적은 본인이니 남 탓하지 말자.

시장의 변동성이나 외부 요인, 또는 특정 세력 탓으로 손실을 돌리는 것은 쉽게 위안을 줄 수 있지만 본질적인 문제 해결에는 도움이 되지 않는 태도다. 투자 판단을 내린 주체는 언제나 본인이며 매수와 매도의 결정, 손절의 시점, 욕심과 두려움에 따른 감정적 대응 모두 스스로의 선택이었음을 인정해야 한다. 손실이 발생했다면 그 원인을 남에게 돌리기보다 자신의 전략과 심리, 리스크 관리 부족을 점검하고 개선하는 것이 중요하다. 진정한 투자자의 성장은 남 탓이 아니라 자기 성찰과 책임에서 시작된다는 사실을 기억해야 한다.

투자 12계명은 단순한 매매 기술이 아니라 투자를 대하는 태도와 인생을 지키는 철학이다. 성공한 투자자는 화려한 종목 선정보다 이런 원칙을 끝까지 지켜내는 사람이다. 시장은 늘 변화하고, 예측은 어렵고, 결과는 아무도 모른다. 하지만 흔들리는 시장 속에서도 나만의 원칙을 세우고 스스로를 지키는 사람은 결국 시장을 이긴다. 투자 12계명은 투자자의 마음과 계좌를 단단하게 만들어주는 가장 현실적인 자기 암시다.

투자 12계명

❶ 수익은 길게 가져가고 손실은 짧게 끊자
❷ 돈의 흐름을 따라가되 매매를 줄이자
❸ 사자처럼 종목을 기다리고 저가에 사자
❹ 종목 선정은 스스로, 매매는 주도적으로 하자
❺ 약점이 제거될수록 수익은 따라오니 복기하자
❻ 본성을 거스르는 매매를 하자
❼ 계좌 관리가 안 되면 모든 걸 잃는다
❽ 도파민이 터지고 좋아 미칠 때 분할 매도하자
❾ 몰빵은 하지 말고 분할 매수하자
❿ 손절을 두려워하지 말자
⓫ 현금은 선택이 아닌 필수다
⓬ 투자에서 천적은 본인이니 남 탓하지 말자

책을 읽고 난 뒤
우리가 반드시 해야 할 일

주식 투자에서 가장 큰 적은 누구일까? 시장일까? 아니면 기업의 실적일까? 아니면 갑작스러운 악재일까? 많은 투자자들이 외부 요인을 탓하곤 하지만 사실 우리가 싸워야 할 가장 강력한 적은 바로 자기 자신이다. 그 자신과의 싸움에서 이기기 위한 가장 중요한 무기가 있다면 그것은 단연코 메타인지다.

《플스포의 메타인지 투자법》은 단순히 투자 전략을 소개하는 책이 아니다. 이 책은 우리 안에 존재하는 인지적 착각, 감정 왜곡, 자기 확신의 오류 등을 짚어내고 그것을 인식하고 바로잡는 방법을 알려준다. 이 책을 통해 깨닫게 되는 것은 결국 투자란 판단의 싸움이고, 그 판단은 정보의 해석에서 나오며, 그 해석은 바로 나 자신이라는 필터를 거쳐 이뤄진다는 점이다. 그래서 메타인지는 곧 자기 인식의 힘이며 잘못된 판단을 반복하지 않게 도와주는 자기 통제의 기술이다. 그렇게 해서 투자의 본질을 깨닫고 본인만의 관점이라는 게 생긴다

하지만 문제는 깨달음 자체로는 부족하다는 것이다. 좋은 책을 읽었다고 해서 그 내용이 저절로 내 것이 되지는 않는다. 우리가 메타인지 투자법을 통해 아무리 깊은 감명을 받았다 해도 시간이 지나면 그 감동도 흐려지고 깨달음도 희미해지기 마련이다. 바로 여기에 에빙하우스의 망각 곡선이 적용된다. 인간은 정보를 처음 접하고 나서 단 하루 만에 절반 이상을 잊어버리고, 일주일이 지나면 거의 대부분의 내용을 기억하지 못한다. 이 사실은 공부에도 적용되지만 투자에도 고스란히 적용된다.

이 책의 내용을 제대로 내 것으로 만들기 위해 우선 반드시 반복해서 읽어야 한다. 단순히 책장을 덮고 끝낼 것이 아니라 일정한 간격으로 다시 그 내용을 되새기고 노트에 옮겨 적고 현실의 주식 시장과 연결시켜 스스로 해석해보는 과정이 필요하다. 그렇게 해야만 지식이 단기 기억에서 장기 기억으로 넘어가며 그 기억은 비로소 실전에서 활용 가능한 도구가 된다.

에빙하우스의 망각 곡선은 말한다. 1일 후, 3일 후, 7일 후, 14일 후, 30일 후에 반복 복습해야 기억이 유지된다고 말이다.

또 하나 중요한 것은 기억이 행동으로 이어지지 않으면 아무 소용이 없다는 점이다. 많은 사람들이 책을 읽으며 고개를 끄덕

도표 7-1 에빙하우스의 망각 곡선

이지만 정작 현실에서는 그 내용과 정반대의 선택을 한다. 메타인지 투자법은 스스로를 객관화하고 감정의 과잉 반응에서 벗어나라고 강조한다. 그러나 막상 주식이 급락하면 공포에 팔고 급등하면 흥분해 매수한다. 이는 책의 내용을 단순히 이해한 것에 그치고 실천하지 않았기 때문이다.

실천은 작지만 구체적인 행동으로부터 시작된다. 책에서 말한 대로 투자 전 자신의 감정 상태를 점검하는 루틴을 만든다든지, 매매가 끝난 후에는 반드시 매매일지를 작성해 당시의 판단 근거를 복기하는 습관을 들이는 것이다. 이처럼 반복 가능한 행동이 쌓여야 비로소 메타인지가 체화되고 시장의 흐름에 흔들리지 않는 자신만의 투자 철학이 만들어진다.

우리는 기억하지 않으면 실천하지 못하고 실천하지 않으면 절대로 성장할 수 없다. 그렇기에 이 책을 단순히 한 번 읽고 끝낼 것이 아니라, 투자자로서 살아가는 동안 반복해서 읽고 그 내용을 실천해보길 권한다. 매년 시장이 변하고 테마가 바뀌고 이슈가 달라져도 투자의 본질은 바뀌지 않는다. 그 본질은 한 줄 한 줄 읽어 내려간 그 책 속의 문장들 속에서 나온다.

    이 책을 통해 수익을 낸 독자들이 있다면 꼭 전하고 싶은 말이 있다. 수익의 일부는 본인 또는 가족을 위해 쓰기를 바란다. 돈은 움켜쥘 수록 멀어지게 되어 있다. 나도 돈을 좇던 시기에 가족을 돌보지 못한 것에 대한 미안함이 아직까지 남아 있다. 투자는 돈을 모으는 것도 중요하지만 돈을 어떻게 쓰는지도 중요하다. 수익금의 일부는 꼭 의미 있게 쓰자. '그냥 하자'의 원동력이 될 수 있도록 말이다.

이 책에 미처 담지 못한 이야기

잃지 않는 초수익 투자의 모든 것
플스포의 메타인지 투자법

제1판 1쇄 발행 | 2025년 11월 10일
제1판 3쇄 발행 | 2025년 11월 20일

지은이 | 김동호
펴낸이 | 하영춘
펴낸곳 | 한국경제신문 한경BP
출판본부장 | 이선정
편집주간 | 김동욱
책임편집 | 남궁훈
교정교열 | 이근일
저작권 | 백상아
홍보마케팅 | 김규형·서은실·이여진·박도현
디자인 | 이승욱·권석중

주　　소 | 서울특별시 중구 청파로 463
기획편집부 | 02-360-4556, 4584
홍보마케팅부 | 02-360-4595, 4562　　FAX | 02-360-4837
H | http://bp.hankyung.com　　**E** | bp@hankyung.com
F | www.facebook.com/hankyungbp
등　　록 | 제 2-315(1967. 5. 15)

ISBN 978-89-475-0204-7　03320

책값은 뒤표지에 있습니다.
잘못 만들어진 책은 구입처에서 바꿔드립니다.